Ansichten eines bekennenden Münsteraners

Marotten & Meriten der Westfalenmetropole

Gesammelt, aufgezeichnet & kommentiert von

Carsten Krystofiak

mmm
münstermitte
medienverlag

Mein Dank für die Unterstützung geht an Familie und Freunde, sowie besonderer Dank an Christian Steinhagen und Henning Stoffers.

Prolog

Dies ist kein Stadtführer, sondern ein psychologisches Gutachten.

Obwohl Münster bundesweit die höchste Dichte an niedergelassenen Psychotherapeuten aufweist, kommt es zwischen Münster und seinen Eingeborenen häufig zu Beziehungskrisen. Diese Stadt kann einen zur Weißglut und in den Wahnsinn treiben! Und dennoch würde man jede Kritik an Münster von außen sofort empört zurückweisen. Man kann nicht mit und nicht ohne Münster – wie mit einer Geliebten, mit der es oft Zank gibt.

Eine Ursache ist wohl der Provinzkomplex, der uns Münsteraner quält. Kein Bewohner einer wahren Weltmetropole wie Rom oder London käme auf die Idee, ständig vehement darauf hinzuweisen, dass Rom oder London Weltmetropolen sind. Wir haben's nötig.

Ein schönes Beispiel war die extrafette Zeitungs-Schlagzeile: „Obama spricht in Berlin auf Bühne aus Münster!", weil das Redepodest für den damaligen US-Präsidenten in Berlin von einem Münsteraner Handwerker zusammengezimmert worden war.

Darum ist dieses Buch eine Art Selbsttherapie, als Form von „Gegenwartsbewältigung". Also – legen wir den „coleopter monasteriam" unters Mikroskop und schauen, was wir finden…

Viel Spaß und Erkenntnis

Ihr Carsten Krystofiak

AUF EINEN BLICK

KAPITEL 1: Infrastruktur

KAPITEL 2: Geschichte

KAPITEL 3: Leben

KAPITEL 4: Leute

KAPITEL 5: Social & Media

Fazit

KAPITEL 1: Infrastruktur

Münsters Architektur – Teil I

Das alte Münster wurde in den letzten zwei Jahren des Zweiten Weltkrieges fast vollständig pulverisiert. Am 28. Oktober 1944 fiel die Fassade des Rathauses abends um kurz vor halb sieben der Länge nach auf den Prinzipalmarkt.

Nach Kriegsende begann das große Aufräumen. Zweieinhalb Millionen Kubikmeter Trümmer türmten sich auf dem Schlossplatz zu gewaltigen Schutthalden auf. Die Münsteraner nannten sie „Adolf-Hitler-Berge".

Gebildete Experten empfahlen, die zerstörte Altstadt endgültig abzuräumen und durch breite Straßen und Hochhäuser nach amerikanischem Vorbild zu ersetzen. Doch die Münsteraner blieben stur und wollten ihr altes Münster zurückhaben. Sie rekonstruierten es einfach. An Architektur-Akademien stellten die Professoren Münsters Wiederaufbau als Negativbeispiel dar. Jungredakteure von Welt zogen über die rückständigen Hinterwäldler Westfalens her.

Doch dieses Bild vom „gallischen Dorf", das sich mit sympathischer Beharrlichkeit gegen eine gesichtslose Moderne stemmt, trifft leider nicht zu. Auch in Münster setzte nach dem Krieg eine zweite Zerstörungswelle ein – durch deutsche Städteplaner. Dem Abriss-Vandalismus der 1960er Jahre fielen zahlreiche erhaltenswerte Gebäude zum Opfer, die alle Bomben überstanden hatten.

So wuchsen nach und nach Betonbauten des Brutalismus aus dem Boden, wie das Iduna-Hochhaus. Während ein Kinderchor bei der Grundsteinlegung die „Stadt im Lindenkranz" besang, drohte dessen Architekt unverhohlen damit, dass er ganz gewiss keinerlei Rücksicht auf Münsters Bautradition nehmen werde…

Zu einem echten Wutbürger-Shitstorm führte die Entscheidung des Bischofs Keller, das zerstörte Domportal zumauern zu lassen und den Eingang an die Seite zu verlegen. Besonders störten sich die Münsteraner an der neuen Fassade mit einer Kreisformation runder Fenster. Von „Seelenbrause" über „Telefonwählscheibe" bis „Kellerfenster" fanden sie immer neue Schmähnamen für die verhasste Architektur, was die überregionale Presse schwer amüsierte.

Gnädiger gingen die Münsteraner mit dem neuen Stadttheater um, das bewusst einen modernen Gegenpol zum Wiederaufbau des historischen Rathauses setzte. Allerdings wurde hier der Maßstab harmonisch angepasst und die Ruine des Romberger Adelshofes geschickt implementiert. So können sich alt und neu also auch vertragen. Einen kleinen Seitenhieb konnten sich die Bürger aber nicht verkneifen: Die geschlängelte Metallskulptur an der Fassade hieß bald „Picasso-Blitz", weil der Name des Kubisten den Münsteranern als Begriff für alles Moderne schlechthin diente. Einige beschrieben das neue Theater als „total Picasso!".

Besonders ist der zu Unrecht vergessene Architekt Hans Muths zu loben, der trotz des Materialmangels der Wiederaufbaujahre einige sehr gelungene Gebäude im regionaltypischen Stil baute, u.a. den bekannten Zwei-Löwen-Club.

Vor einem von Muths geplanten Giebelhaus an der Georgskommende stehen ebenfalls zwei Sandsteinlöwen. Der Erzählung nach hatten US-Besatzungstruppen die Skulpturen vor einem Münsterländer Herrensitz entwendet, dann aber keine Lust mehr, die schweren Dinger noch weiter zu transportieren und ließen sie einfach vor dem besagten Haus stehen. Für seine traditionellen Entwürfe wurde Muths seinerzeit von modernistischen Beton-Stahl-Glas-Architekten gedisst, dabei gebührt dem Mann größter Dank.

„Lass' stehen, die sind zu schwer!"

Münsters Architektur – Teil II

Bis weit in die 1980er Jahre klafften in Münsters Innenstadt große Baulücken, die der Krieg hinterlassen hatte. Die Brachen wurden als Parkplätze genutzt: Stubengasse, Stadtbücherei, Aegidiimarkt – früher alles Parkplätze. Das letzte Relikt dieser Ära ist der Parkplatz Hörsterstraße. Mal sehen, wie lange noch, denn Münster verändert sein Gesicht rasant.

Dabei sind einige schäbige Ecken verschwunden, aber leider auch einige Juwelen, wie die alte Torminbrücke, eine der ganz seltenen expressionistischen Brückenbauten. Ein ähnlich seltenes Baudenkmal ist Münsters Gefängnis von 1853, das es so nur noch zweimal in Europa gibt, nämlich in London und Breslau. Seine Zukunft ist ungewiss.

Dafür sind – z.B. an der Stubengasse oder am Mittelhafen – fragwürdige Objekte entstanden, deren Planer weder Bezüge zur direkten Umgebung noch zur regionalen Baukultur geschaffen haben. Aber zum Glück kann man dieses Zeugs ja irgendwann einfach wieder abreißen.

Wo manch überambitionierte Baupläne, wie ein Hochhaus am Yorkring, auf erbitterte Widerstände stießen, traf der 17-stöckige Versicherungs-Tower „Kristall" des koreanischen „Star-Architekten" Duk-Kyu Ryang auf bemerkenswerte Gleichgültigkeit.

Mit dieser ist es allerdings sofort wieder aus, wenn Architekten mit Triebstau um den Schlossplatz kreisen. Münsters Platz vor dem Schloss ist die zweitgrößte unverbaute Innenstadtfläche Europas – und die Münsteraner würden sie mit Klauen und Zähnen vor Baggern verteidigen.

Send und Flohmarkt auf diesem Platz sind ihnen heilig, darum wurde der Plan einer Musikhalle vor dem Schloss durch ein Bürgerbegehren versenkt. Die heftig umstrittene Idee eines unterirdischen Parkhauses unter dem Ludgeriplatz gab Münsters CDU mit bangem Blick auf die Kommunalwahlen schleunigst selbst wieder auf, um von den Wählern nicht ebenfalls tiefergelegt zu werden.

2017 gründete sich ein Komitee, das den Schlossplatz nun erneut bebauen will. Allerdings mit einem ganz anderen Ansatz: Statt die Fläche zu verdichten, will man die Symmetrie der alten Schlossanlage wiederherstellen. Vielleicht ein Gedanke, auf den sich alle einigen könnten.

Ausgehend von Münsters Stadthafen wird sich das gesamte Areal zwischen Halle Münsterland und Umgehungsstraße in den nächsten Jahren drastisch verändern. Ob zum Guten oder Schlechten werden wir sehen.

Münsters Seele hadert stets mit der Zurücksetzung, dass ihr der standesgemäße Rang einer Weltmetropole vorenthalten wird. Nun, wir sind auf gutem Weg: Was Berlin mit der Ewig-Baustelle BER kann, übertreffen wir locker! Mehr als 20 Jahre wurden Neubau bzw. Renovierung des Preußenstadions erfolgreich zerredet, um nun einen Minimalkonsens zu erzielen, den man auch gleich anfangs hätte haben können.

Die Planung des unvollendeten Kanal-Ausbaus stammt noch aus den 90ern. Ebenfalls seit Mitte der 90er geistert der Plan einer Musikhalle durch die Stadt und scheiterte bisher an der Standortfrage. Und schließlich enthält die Chaos-Komödie um die Auslagerung der JVA aus der Innenstadt genug Stoff für ein eigenes Kapitel unter der Überschrift „Realsatire".

Es wäre erfreulich, wenn sich mehr Architekten mal fragen würden, warum die meisten Menschen alte Gebäude schöner finden als moderne.

Verkehr

Ein Ansager des Lokalradios „Antenne Münster" spricht einen derart breiten westfälischen Dialekt, dass er die Verkehrsnachrichten so ansagt: „Und jetzt der Vakeah…". Münsters Vakeah ist kein Vergnügen…

Der heute vielgelobte Wiederaufbau Münsters weitgehend in den Vorkriegsgrundrissen hat uns vor einer gesichtslosen „City" bewahrt – für den Verkehrsfluss war er hinderlich.

Der Kollaps kam schon in den 1960er Jahren mit dem Boom des Autoverkehrs infolge breiteren Wohlstands. Der Schriftsteller Erich von Däniken schrieb: „Ich möchte gerne verweilen, finde aber keinen Parkplatz – auf Wiedersehen, Münster!"

Dabei durfte damals in den Gassen der Altstadt noch überall geparkt werden, die Ludgeristraße war noch für Autos befahrbar, die Studis fuhren mit ihren VW-Käfern und Citroën-Enten bis vors Schloss und mittags zur Mensa.

Immerhin besitzt Münster mit dem Ludgerikreisel einen der ersten und größten Kreisverkehre der Nachkriegs-BRD. Bis heute ist dieser Roundabout das Schreckgespenst aller auswärtigen Autofahrer mit Kennzeichen wie WAF, ST, COE und BOR.

Mit der Straßenbahn und den O(-berleitungs-)-Bussen hat Münster fähige Verkehrssysteme fahrlässig geopfert. Alle Jubeljahre bringt jemand eine Wiederbelebung der

Jeder Parkraum wird kreativ genutzt.

Straßenbahn ins Gespräch, was ebenso realistisch ist, wie eine U-Bahn für Münster.

Derweil sind die Straßen am Anschlag ihrer Kapazität. Die Streckenstilllegungen im Regionalnetz der Bahn sind durch einzelne Wiederertüchtigungen so schnell nicht wieder aufzuholen. Und selbst der Fahrradverkehr wird durch die Zunahme von Lastenrädern und Fahrrad-Anhängern verengt.

Es müssen also neue Konzepte her. Die Politik hat dafür das trendige Modewort „Mobilitätsketten" ersonnen. Das bedeutet, dass Wege kombiniert mit Auto, Bahn & Bus und Fahrrad zurückgelegt werden. Was natürlich erfordert, Straßenbau, Busnetz, Bahnverkehr und Leihradsystem orchestriert zu organisieren. Vielleicht bekommen wir doch eher eine U-Bahn…

Eine neue Komponente in der Verkehrsabwicklung sind Fahrrad-Schnellwege, von denen im Münsterland bereits einige im Bau bzw. Planungsstadium sind. Ein geplanter Radschnellweg von Greven ins Zentrum Nord könnte die Grevener Straße entlasten, über die sich morgens der zähflüssige Pendlerstrom stop-and-go in die Stadt quält. Allerdings nur bei trockenem Wetter…

Ein heller Kopf hat die Idee einer „zweiten Promenade" ins Spiel gebracht, die als Rad-Ring Münsters Vororte kreisförmig verbindet, mit „Speichen" in die Innenstadt. Guter Einfall, aber die Eigentumsverhältnisse der Grundstücke auf dieser Route, die sich an jedem Baum ändern, dürften eine steile Hürde darstellen.

Beschlossen und verkündet ist der Ausbau des Kanal-Seitenweges zu einem Fahrrad-Highway der Luxusklasse: Drei Meter breit und sogar mit automatischer Beleuchtung durch Bewegungssensoren! Zuständig ist allerdings das Wasser- und Schiffahrtsamt – und wenn das bei diesem Projekt genauso zügig vorankommt, wie beim Kanalausbau…

Eine absolute Quatschidee ist dagegen die Vorfahrt für Radfahrer an den Kreuzungen der innerstädtischen Promenade. Erstens stauen sich durch den niemals abreißenden Strom der Radler die wartenden Autos bis sonstwohin, zweitens erzwingen sich Kamikaze-Radler die Vorfahrt durch entschlossenes Weiterfahren unter Dauerklingeln sowieso und drittens dürfte diese Praxis zu einigen Kollisionen mit ungeübten Autofahrern führen (siehe oben: WAF, ST…).

Fahrradstadt Münster

Der „homo velocipedes monasteriensis" ist eine Spezies für sich. Sobald Hosenboden und Fahrradsattel festen Kontakt haben, löst das eine Reaktion im Gehirn aus. Zuerst wird die Erinnerung an die StVO gelöscht. Dann fällt der natürliche Sinn für Risikovermeidung aus. Schließlich werden Hirnregionen aktiviert, die zum Beispiel bei texanischen Cowboys für das ungezügelte Freiheitsgefühl im Sattel zuständig sind.

Man unterscheidet verschiedene Typen, zum Beispiel:

- den Verkehrserzieher:
  Gondelt in schmalen Straßen gerne absichtlich langsam vor Autofahrern herum, um sie zu zwingen, langsam zu fahren. Bis ein entnervter Autofahrer Gas gibt und dem Oberlehrer zeigt, wer der Stärkere ist.

- den Wahnsinnigen:
  Heizt durch die Ludgeristraße wie in einem Videospiel, bei dem man als Raumfahrer Asteroiden ausweichen muss, nur dass die Fußgänger real sind. Rast auch spätabends ohne Licht über Bürgersteige – wehe dem, der nichtsahnend aus der Haustür tritt!

- Ben Hur:
  Brettert unter Dauerklingeln den schmalen Radweg der Wolbecker Straße entlang, rollt dabei das Feld von hinten auf, touchiert beim Überholen, bremst nie – und zerschellt an einem Pkw, der sich aus einer Einfahrt tastet.

Kanalmuscheln besiedeln gerne Fahrradleichen.

Das Lustigste: Alle Jahre wieder versucht ein neuer Dezernent in der Stadtverwaltung, sein Mütchen an dem Fahrrad-Chaos rund um den Bahnhof zu kühlen und verspricht, mit dem Fahrrad-Massengrab endgültig aufzuräumen (Jetzt aber wirklich!) – und scheitert dabei wie seine Vorgänger am anarchistischen Wesen von Münsters Radfahrern.

Nicht nur rund um den Hauptbahnhof verrotten Fahrradleichen, auch in den Stadtvierteln werden Räder von Rost, Spinnweben und Pionierpflanzen erobert, weil ihre Besitzer schon vor Jahren das Studium beendet haben und fortgezogen sind. Unglaublich: Es gibt tatsächlich eine Verordnung, die untersagt, solche Relikte zu entfernen, solange sie noch exakt einen Meter Bürgersteig freilassen. Natürlich rückt niemand ernsthaft mit dem Zollstock an, sondern behebt das Ärgernis mit dem Bolzenschneider.

Im Polizeipräsidium am Friesenring gibt es eine ständige „SoKo Speiche", die Missetaten von Radfahrern verfolgt und gegen Fahrraddiebe ermittelt. Dass jeder Münsteraner in seinem Leben statistisch 7,5 Fahrräder stiehlt, beschert Münster in der deutschen Kriminalstatistik traditionell einen der vorderen Plätze.

In den 1960er Jahren wurden Autosegnungen auf dem Domplatz Teil der münsterschen Folklore. Der dicke Benz stand friedlich neben dem kleinen Käfer, während der Bischof durch die Pkw-Reihen ging, Weihwasser auf die Kühlerhauben spritzte und Gebete murmelte. Mit wachsendem Autoverkehr geriet dieses Ritual in Vergessenheit. 2010 wurde es durch den Pfarrer von Heilig Kreuz zeitgemäß wiederbelebt – für Fahrräder. Damit der Segen länger hält, gibt es auch Fahrradplaketten mit dem Heiligen Christopherus. Göttlicher Beistand kann jedenfalls im Münsteraner Fahrradverkehr gewiss nicht schaden – und vielleicht schützt der liebe Gott auch vor lauernden Verkehrspolizisten.

Selbstverständlich ist Münster DIE Fahrradhauptstadt der Republik und niemand würde das bezweifeln. Doch vor ein paar Jahren erschien eine obskure Medienmeldung über eine Studie, die ausgerechnet das in dieser Hinsicht völlig bedeutungslose Greifswald zur deutschen Fahrrad-Metropole erhob! Die Urheber der fragwürdigen „Studie" stammten von der Uni Bielefeld (!) – noch Fragen?!

Update: 2019 verlor Münster den Fahrradhauptstadttitel an Karlsruhe (!). Das zeigt: Es kommt nicht allein auf die Zahl der Radwegkilometer in der Stadt an, sondern auch auf deren Zustand (Hallo Tiefbauamt – aufwachen!). Hoch ist daher der (noch) unbekannte und von Polizei und Ordnungsamt gejagte „Asphaltkleckser" zu preisen, der seit Jahren im Dunkel der Nacht schlechte Radwegabsenkungen mittels Teereimer ausbessert. Danke, liebes Phantom!

Lärm & Rauch – Industrie in Münster

Früher sang das Proletariat: „Reih' dich ein in die Arbeiter-Einheitsfront, weil auch du ein Arbeiter bist." In Münster müsste es heißen: „...weil auch du einen Arbeiter kennst." (Oder jemanden kennst, der einen kennt.)

Als Wilhelm Albert im Jahr 1923 mit dem Sauerstoffwerk „Westfalen" den ersten nennenswerten Industriebetrieb in Münster gründen wollte, waren die Beamten auf dem Prinzipalmarkt alles andere als begeistert. Sie fürchteten „Lärm und Rauch", die bekanntlich „Feinde geistiger Sammlung" seien. Damit sich die vergeistigten Behördenmitarbeiter ungestört sammeln konnten, wurde das Unternehmen an den äußersten Stadtrand verbannt. Münster verstand sich seit jeher als der „Schreibtisch Westfalens", nicht als die Schmiede.

In den 70er Jahren scheiterte der Plan eines großen Industriegebietes in den Rieselfeldern an der Bodenständigkeit der Münsteraner. Selbst in konservativen Kreisen war das Projekt ausgesprochen unpopulär. Statt industrieller Produktion sagen sich hier heute Kiebitz, Krickente und Brandgans Gute Nacht.

Seitdem ist die Ansiedlung industrieller Firmen überschaubar geblieben: Das Unternehmen Armacell, die Filterwerke Hengst, das Farbenwerk Brillux, der Lackhersteller Glasurit – das war es im Grunde. Die Betonfirma PeBüSo, die Maschinenfabrik Hamel und der Dämmstoff-Riese Rockwool sind längst wieder Geschichte. Im Stadthafen soll der letzte Arbeiter Mitte der Neunziger gesichtet worden sein.

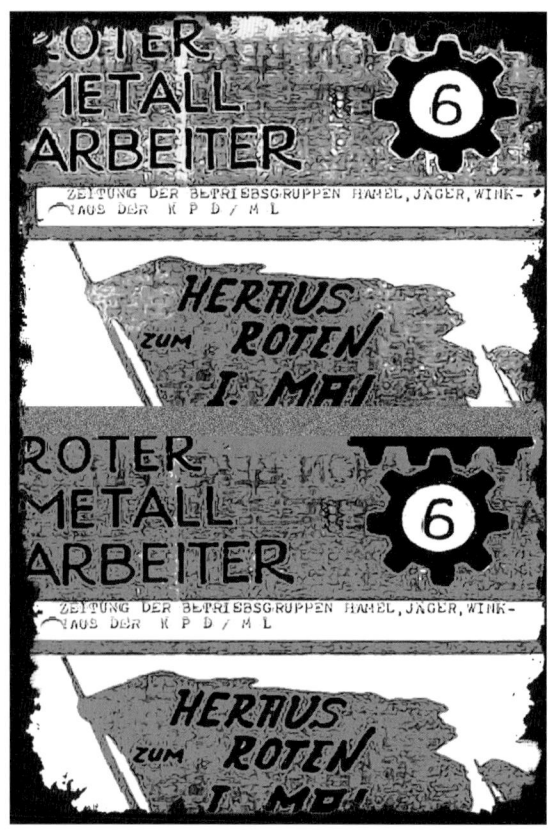

Kommunistenreklame in münsterschen Fabriken.

Seit Münsters Hafen in einen „Kreativ-Kai" verwandelt wurde und mit den Lagerhallen des Holzgroßhandels OSMO (früher Ostermann & Schweiwe) auch die letzte Reminiszenz an den früheren Warenumschlag verschwindet, sind auch die alten Arbeiterquartiere rund um den Hansaring und den Hubertiplatz („Klein Muffi", das Herz-Jesu-Viertel) durch Studenten gentrifiziert, die am lautesten gegen Gentrifizierung protestieren.

Die marginale Rolle der Sozialdemokratie in Münster hängt natürlich mit der geringen Zahl von Arbeitern zusammen. Die Linkspartei interessiert sich nicht für die Arbeiterschaft, sondern nur noch für 56 Geschlechter und sonstiges Gedöns. Dabei kursierte zu DKP-Hochzeiten im Schlüsselwerk Winkhaus am Bohlweg regelmäßig das kommunistische Pamphlet „Roter Metallarbeiter".

Trotz der Image-Kampagne „In-DU-strie" größerer Betriebe, die zum Beispiel neue Bäume für die Promenade gespendet haben, führt die „Lärm und Rauch"-emissierende Branche bis heute eine Randexistenz in der sauberen Domstadt.

Das großflächige Verschwinden traditionsreicher Unternehmen am Kanal in Münsters Süden hat immerhin viel Platz für die Alternativkultur des Hawerkamps, einen Heimathafen für das Partyschiff „MS-Günther", den Strandclub „Coconut-Beach" sowie für Münsters Oktoberfest hinterlassen. Sie sind Pionierpflanzen der Industriebrachen…

Inzwischen ist beim Vernetzungszentrum Digital Hub am Hafen aber eine öffentliche Hightech-Werkstatt mit 3D-Drucker, CNC-Fräse und Laser-Cutter entstanden, in der Start Up-Unternehmen Prototypen und Kleinserien fertigen können. Der zarte Beginn einer neuen Industriekultur?

Was Andere über Münster sagen:

Eine schlecht gebaute und unsaubere Stadt. Das Rathaus hat die wunderlichste Fassade, die ich je gesehen habe, aber erbärmlich schlecht. Unserem Kofferträger aus Osnabrück wollten sie nichts zu essen geben.

Albrecht Haller, Gelehrter und Wissenschaftler

Der Kanal

Münster liegt an der Aa, doch das bedeutendere Gewässer ist der Dortmund-Ems-Kanal. Der Max-Klemens-Kanal wurde schon 1840 wegen Unrentabilität aufgegeben, der 1864 geplante Rhein-Weser-Elbe-Kanal mitten durch die Stadt nie gebaut. Erst durch Kaiser Wilhelm II., der den Umbau Deutschlands vom Agrar- zum Industrieland dynamisch vorantrieb, bekam Münster eine moderne Wasserstraße.

Generationen von Münsteranern haben im Kanal das Schwimmen gelernt – und mancher wurde beim gefährlichen „Pötte anschwimmen" vom Schiffshund gebissen. Die Kanalschiffe transportieren Schrott, Getreide, Gestein, Mineralöl, Stahldraht, Flügel von Windrädern etc. von Ems oder Mittellandkanal zum Rhein und umgekehrt. Eine halbe Stunde dauert der Schleusengang bergauf oder -ab. Neuerdings sieht man häufiger auch Flusskreuzfahrtschiffe. Das bekannteste Schiff ist das Partyboot „MS Günther", das den Namen von Günther Jauch trägt und von ihm persönlich im Heimathafen Münster eingeweiht wurde, weil der Eigner die Million für Kauf und Restaurierung in Jauchs Quizshow gewonnen hat.

Im Kanal leben schaurige Wesen: Im Sommer 2018 wurde ein toter Wels von 1,70 Meter Länge geborgen. Aber es gibt auch possierliche Tierchen wie Haubentaucher, Eisvögel und ein Mandarin-Entenpaar, das wohl irgendwo ausgebüxt ist.

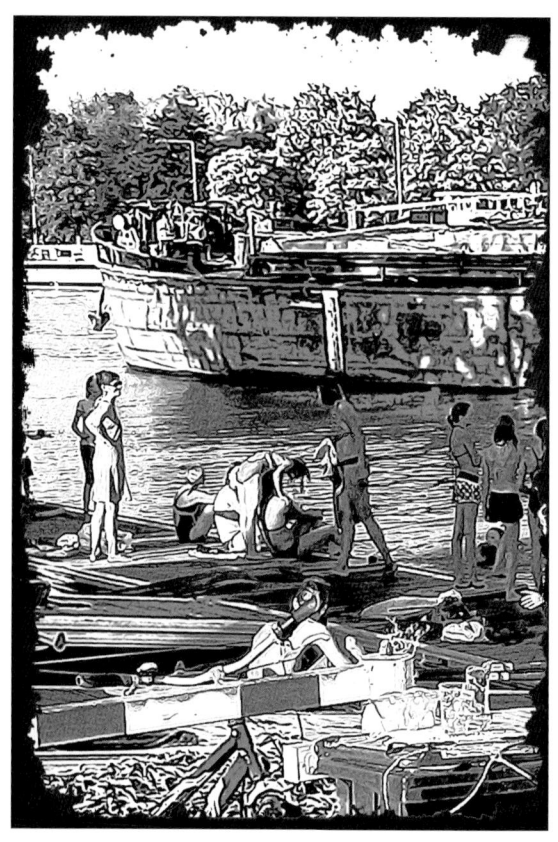

Münsters größtes Freibad: Der Kanal.

Der Kanal zieht Selbstmörder an und fordert jedes Jahr Todesopfer durch Unfälle. Besonders tückisch ist das als Mutprobe beliebte Springen von den Brückenbögen, weil sich gerade unter Brücken gestohlene Fahrräder, Einkaufswagen und sonstiger entsorgter Schrott zu scharfkantigen Riffen auf dem Grund auftürmen.

Vollständig zugefroren war der Kanal zuletzt Mitte der Neunziger Jahre, als man ihn mit dem Fahrrad überqueren konnte. Im Sommer ist er Münsters größtes Freibad, dann reiht sich auf den 10 Kilometern Stadtstrecke zwischen Hiltrup und Gelmer Handtuch an Handtuch und Grill an Grill, was nicht ohne Konflikte abläuft. Müll, Wildpinkelei und Randale nehmen von Jahr zu Jahr zu.

Während langer Hitzeperioden, wenn täglich Tausende ab mittags zum „Plümpsen" zum Kanal kommen (und dabei ins Wasser strullen…) ist es kein gutes Gefühl zu wissen, dass die Stadt 60 Prozent des Trinkwassers aus dem Kanal entnimmt.

Als die Zeitungen in den 90ern erstmals über die geplante Verbreiterung des Kanals berichteten, hieß es, 2012 soll alles fertig sein. Inzwischen hat man immerhin schon mal angefangen. Wenn der Kanal tatsächlich eines Tages tiefer und breiter ist, werden hier Schiffe der 100-Meter-Klasse und darüber fahren. Mit der beschaulichen Romantik ist es dann wohl vorbei. Dennoch gibt der Kanal den Münsteranern die erhebende Illusion, an einem „großen Strom" zu leben.

Der Aasee

Um 1880 malte der Expressionist Otto Modersohn den Bereich des Aasees. Die Bilder zeigen Felder und Wiesen, denn den See gab es noch nicht. An seiner Stelle lagen die Überschwemmungs-Auen der Aa. Nur einmal – im Spätmittelalter – legte Fürstbischof Bernhard von Galen kurzzeitig einen Aasee an. Grund: „Bomben-Bernhard" wollte Münster erobern. Um die Münsteraner kleinzukriegen, plante er, die Stadt von der Wasserversorgung abzuschneiden. Ein gewaltiger Damm staute die Aa auf. Doch während eines Orkans brach der Damm und die Wassermassen ergossen sich als Flutwelle durch Münsters Straßen.

Die Münsteraner nutzten die Überschwemmungswiesen im Winter bevorzugt zum Schlittschuhlaufen. In einer Szene der Wiedertäufer-Oper „Les Prophetes" des Komponisten Giacomo Meyerbeer von 1849 bringen Mädchen auf Schlittschuhen den Wiedertäufern Geschenke. Da die Ballett-Tänzerinnen auf der Opernbühne nicht Schlittschuhlaufen konnten, nutzte Meyerbeer die neuartige Erfindung des Rollschuhs. Der Legende nach hat Münster damit dem Rollschuh als Sportgerät zum Durchbruch verholfen.

Die Planung eines Sees geht auf den schrulligen Zoodirektor Hermann Landois zurück. Doch erst neun Jahre nach dessen Tod und nach 20 Jahren zeitweise unterbrochener Bauzeit war es soweit. Mitte der 70er wurde die Fläche verdoppelt. Über den See führte die Torminbrücke, eine der sehr seltenen Brückenbauten im Stil

City-Oase mit Sauerstoffmangel: Der Aasee.

des Expressionismus. Leider war diese architektonische Besonderheit Anfang der 90er nicht mehr sanierungsfähig und wurde durch eine moderne Version ersetzt. 2009 erhielt der Aasee samt den umgebenden Spazierwegen und Liegewiesen offiziell den Titel „Schönster Park Europas". Nun ja. Aber mit gut 60 Hektar hat das Gesamtareal immerhin eine ordentliche Größe.

Leider hat der schönste Park Europas einen schweren Geburtsfehler. Das Wasserschlucken ist lebensgefährlich, selbst der Hautkontakt mit dem Aasee-Wasser kann Gesundheitsprobleme auslösen. Grund sind giftige Algen und Bakterien. Ursache 1 ist die Überdüngung durch intensive Landwirtschaft entlang der Aa. Ursache 2 ist die zu geringe Tiefe: Um sich nicht aufzuheizen, müsste der See mindestens acht statt nur zwei Meter tief sein. Die Stadt sagt den Bauern: Hört auf zu düngen! Die Bauern sagen der Stadt: Baggert doch den See aus! Da sich keine Seite zuerst bewegen will, passiert nichts. Stattdessen werden allerhand chemische Wundermittel erprobt, um die Algen zu bekämpfen, mit wechselndem Erfolg.

Im Hitzesommer 2018 kippte der See und war schlagartig biologisch tot: Rund 20 Tonnen Fische trieben kieloben! Der Schock der Öko-Katastrophe bewirkt ja vielleicht doch noch Bewegung zugunsten einer grundlegenden Lösung.

Trotz allem: Der kleinste Shanty-Chor der Welt, die drei Matrosen von Münsters „Blosewinds" singen unbeirrt: „Wer braucht schon die Nordsee, die stinkt doch nach Fisch, wir haben *die* Aasee…"

Münsters Feuchtgebiete

1975 wurden Münsters Umlandgemeinden im Zuge einer Gebietsreform eingemeindet. Aus Roxelern, Hiltrupern, Handorfern, Nienbergern, Gievenbeckern, Sprakelern und Amelsbürenern sollten nun Münsteraner werden. Viele wollten das nicht. In Hiltrup stimmten bei einer Bürgerwahl über 90 Prozent gegen den Anschluss.

Um aus dem Unvermeidlichen wenigstens noch einen Profit herauszuschlagen, bauten sich Hiltrup, Roxel, Handorf und Amelsbüren schnell noch eigene Schwimmbäder, deren Betriebskosten sich die Vororte selbst nie hätten leisten können. Nun würde die Stadt Münster darauf sitzenbleiben. Dadurch besaß Münster gemessen an seiner Größe eine reichlich üppige Bäderlandschaft von gut einem Dutzend Hallen- und Freibädern. Was Münsters Bürger abkühlte, brachte den Stadtkämmerer dauerhaft ins Schwitzen.

2006: Um der kommunalen Pleite zu entgehen, beschließt die Stadt, eine Kölner Beraterfirma mit einem Sparkonzept zu beauftragen. Die Betriebswirte finden reichlich Einsparpotenzial – zwei städtische Bäder werden dichtgemacht. Das Handorfer Hallenbad betreiben die Bürger seitdem in Eigenregie. Das Südbad wurde trotz Protesten geschlossen, abgerissen und planiert. Als Revanche planierten die Münsteraner per Bürgerentscheid die geplante städtische Musikhalle, nach dem Motto: Versenkt ihr unser Bad, versenken wir euren Klassiktempel!

Hier kommt auch der Stadthaushalt ins Schwimmen.

Das Sparkonzept – das rund eine Viertelmillion kostete – entschlummerte nach und nach sanft. 2018 die überraschende Kehrtwende: Es wurde ein Architektenwettbewerb für einen Neubau des Südbades ausgelobt! 2021 soll es an alter Stelle wieder eröffnet werden. Ausgerechnet die Sozialdemokraten stimmten dagegen. Das ist zwar vernünftig, aber extrem unpopulär. Aber noch ein paar Stimmen weniger können der marginalisierten SPD jetzt auch egal sein.

Um die Infrastruktur der „Feuchtgebiete" endlich doch effizienter und kostendeckender zu gestalten, sollten Münsters Stadtwerke schließlich die Gesamtleitung der Bäder übernehmen. Als veranschaulichendes Beispiel: Das Hallenbad Roxel holt nur sieben Prozent seiner Betriebskosten wieder herein. Nach einem Jahr (!) Prüfung und Planung stellte man fest: steuerlich unrentabel. Also alles zurück auf Los.

Warum ich diese Geschichte überhaupt erzähle? Weil sie so ein schönes Schlaglicht auf Münsters Verwaltungs-Chaos wirft. Chronisten können nur den Kopf schütteln… Aber ich geh' jetzt schwimmen!

Was Andere über Münster sagen:

Da die Geistesbildung in Westfalen so spärlich ist, muss man sich wirklich die Frage stellen, ob jene menschlichen Wesen wirklich Menschen sind, die denken, oder nicht.

Friedrich der Große

Westfälische Wilhelms-Universität

Etwa jeder fünfte Einwohner Münsters studiert. Münsters Uni ist keine kompakte Campus-Uni, ihre rund 200 Gebäude sind über die ganze Stadt verstreut. Somit haben Münsters Studis auch einen erheblichen Anteil am Fahrradverkehr. Um neue Quellen für Drittmittel anzubohren, müssen die Wissenschaftler ständig originelle Forschungsprojekte präsentieren. Daraus entstehen zum Teil skurrile Forschungsprojekte, zum Beispiel diese:

In über 2.000 Arbeitsstunden entwickelten Studis in Münster den computergesteuerten Cocktail-Automaten „Pecomix", der perfekte Drinks generiert und optimale Farbübergänge beim Tequila Sunrise ermöglicht.

Im Schlaflabor ließ eine Wissenschaftlerin männliche Probanden verdampfte Vaginalsekrete junger Kommilitoninnen einatmen, bevor sie geweckt und nach ihren Träumen befragt wurden. Ergebnis: Die Jungs träumten „lebhafter".

Eine Doktorandin wies nach, dass Weizenbier mehr Kopfweh verursacht als Pils, was in der Münchner Presse einen empörten Aufschrei gegen norddeutsche Ignoranz auslöste. (BILD München: „Madl, wenns di da net teischt!")

Um gerecht zu sein, muss aber auch erwähnt werden, dass Münsters Forscher in der Batterie-Entwicklung weit vorne liegen. Der FH-Ernährungswissenschaftler Prof. Ritter ist führend in der Propagierung von Insekten als

Praxisnahe Uni: Der Cocktail-Mixautomat.

Lebensmittel und wirbt eifrig für Käfer, Heuschrecken und Maden als gesunde Snacks. Der Plagiatsjäger Prof. Kamenz sorgt mit seinen Anwendungen zum Dissertations-Check für Schrecken unter Abschreibern.

Dann gibt es noch den AStA, ein politischer Sandkasten für Studis, die später mal JuSo- oder ver.di-Funktionäre werden wollen. Darum ventilieren sie konstant Pamphlete aus dem linken Phrasengenerator. Mit einer Vertretung der Studi-Interessen hat das nur peripher zu tun.

Münsters Studis machen die Stadt jünger und quirliger. Aber der soziale Zwang zum Hochschulbesuch hat auch Schattenseiten: In Münster gilt es geradezu als gesellschaftlich anrüchig, „nur" eine handwerkliche Ausbildung zu absolvieren. Das ist schon deshalb Nonsens, weil Handwerker im Gegensatz zum Heer des Akademiker-Prekariats arbeitsloser Theaterpädagogen ausgezeichnet verdienen und kaum Zukunftsängste fürchten müssen.

Das Problem fängt schon in den Grundschulen an: Viele fragwürdige Gymnasialempfehlungen kommen nur auf Druck ehrgeiziger Eltern zustande und weil die Lehrer keine Lust verspüren, sich mit den Eltern anzulegen, vor allem wenn diese selbst – wie in Münster sehr häufig – Lehrer oder Juristen sind. Derselbe Konflikt ist die Ursache für das Phänomen, dass Münster sich rühmt, „Hautstadt der Einser-Abis" zu sein – was garantiert nicht daran liegt, dass die westfälische Luft besonders viele Geistesgrößen hervorbringt, sondern eher an ständiger Niveauabsenkung – und der Angst davor, dass der gekränkte Doktor-Papa für die 1 vor dem Komma vor Gericht zieht…

Die Stadtverwaltung –
Münsters Modell zur Reduzierung
der Arbeitslosigkeit

Donnerstagmorgen, 8.10 Uhr, Stadthaus I, Passamt:
Eine Mitarbeiterin der Stadtverwaltung kommt an ihren
Arbeitsplatz, stellt ihre Handtasche auf den Schreibtisch
und jubelt – noch im Mantel – den Kolleginnen zu:
„Gleich is' Wochenende!"

Münsters Stadtverwaltung kann es mit der von Köln,
Berlin oder Kalkutta jederzeit aufnehmen – was Lahm-
arschigkeit und Inkompetenz angeht. Das wird durch
die schönen Sprichwörter „Freitags ab eins macht jeder
seins." oder auch „Ist der Himmel blau und klar, ist im
Bauamt keiner da." illustriert. Man fragt sich, was sich
ändern würde, wenn in den Stadthäusern I, II und III
einfach jedes Büro mit ungerader Zimmernummer gestri-
chen würde. Ich schätze – nichts.

Locker mithalten kann da der Landschaftsverband West-
falen-Lippe, im Volksmund „Langschlafverband" genannt.
Auch dessen Mühlen mahlen langsam. Sehr langsam.
Sehr, sehr langsam.

Das einzige Amt in Münster, das wie ein Präzisions-
uhrwerk arbeitet, ist das Finanzamt, sofern es um das
Beitreiben von Steuern geht. Hm, na schön – auch das
Standesamt arbeitet zuverlässig.

Sieht man Behördenmitarbeiter, die in Plastiktüten der
Gewerkschaft Öffentlicher Dienst gekleidet auf dem Prin-

Zentrum meditativer Entschleunigung: Stadthaus I

zipalmarkt mit roten Köpfen in ihre Trillerpfeifen pusten, um für „bessere Arbeitsbedingungen" zu demonstrieren, wünscht man sich zumindest einen plötzlichen Hagelschauer.

Wer einmal ein Abenteuer wie die des alten Odysseus erleben möchte, begebe sich mit einem Antrag ins Bauamt. Von denen, die hineingingen, kamen viele ausgemergelt und mit langen weißen Bärten wieder heraus. Andere jedoch lassen sich ruckzuck ihre Anträge abstempeln, hüpfen pfeifend wieder hinaus und können anfangen, Häuser zu bauen, ohne Rücksicht auf Lage, Geschosszahl oder Abstände. So behaupten es zumindest böswillige Stimmen, die hier nur aus dokumentarischen Gründen wiedergegeben werden.

Während überfällige Bauvorhaben stagnieren, werden andere auf seltsame Weise beschleunigt. Und passiert doch einmal ein Projekt zügig den Verdauungstrakt der Verwaltung, kann es immer noch an Münsters Oberverwaltungsgericht zerschellen, das für höchst originelle Urteile bekannt ist.

Oh, wie ich eben sehe, muss ich mich wohl bei der Stadtverwaltung von Kalkutta entschuldigen (siehe Anfang), denn diese arbeitet nach Medienberichten im Gegensatz zu Münster schnell und effizient. Na egal, anderes Thema: Ich mache mir jetzt erstmal eine schöne Flasche Berliner Bier auf…

Wir sind kosmopolitisch – wir haben eine Junkieszene!

Kleine Großstadt, großer Komplex

Münster ist eine Großstadt im Playmobil-Format. Münster hat alles, was eine Metropole vorweisen muss: Eine Altstadt, Industriebrachen mit Alternativkultur, gentrifizierte Altbauviertel und Studi-Kieze, Shoppingmeilen und soziale Brennpunkte und sogar eine Bauwagen-Kommune. In Münster liegt das alles gleich vis-à-vis und nebenan und ist mit dem Fahrrad erreichbar. Mitten in der City, zwischen Aegidiimarkt und Königsstraße, hört man sogar täglich einen leibhaftigen Hahn krähen, als wäre man auf dem Bauernhof, und an der Steinfurter Straße steht am hellichten Nachmittag das Rehwild und äst.

Damit könnten sich die Münsteraner glücklich ihres Daseins erfreuen. Stattdessen plagt sie der Neid auf die ewigen Kapitalen. Das zwingt den stolzen Münsteraner, sein Mimigernaford an der Aa ständig an gewissen Siedlungen an Hudson River, Themse, Tiber oder Moskwa zu messen – oder noch besser: sie zu übertreffen!

Dabei werden oft skurrile Argumente angeführt, zum Beispiel, dass die Bahnbrücke der Strecke Münster-Hamm über den Dortmund-Ems-Kanal bei Hiltrup die größte ihrer speziellen Bauart auf der Welt ist – was keineswegs gleichbedeutend damit ist, dass sie die weltweit größte Eisenbahnbrücke ist! Münster ist einfach der Gerd Postel* unter den Städten.

*Der Hochstaplerkönig, der als gelernter Briefträger jahrelang eine psychiatrische Klinik leitete, verbrachte übrigens auch einige Jahre in Münster, wo er mit gefälschten Zeugnissen Theologie studierte!

Darum wächst der Münsteraner um mindestens fünf Zentimeter, wenn die Bewohner anderer Weltstädte wie Tokio als Gäste der Skulptur.Projekte zu Besuch kommen und er sich – natürlich mit einem freundlichen Augenzwinkern, so von Weltstadtbewohner zu Weltstadtbewohner – über sie lustig machen kann: „Haha, das hamse nu davon, dasse aus Tokio sind – können nicht mal Fahrrad fahren!".

Trotz der signifikanten Häufung von Psycho-Praxen, gibt es für unseren Provinzkomplex bislang keine Therapie. Ich schlage die Konfrontationsmethode vor: Münsteraner sollten ihren Jahresurlaub in einem verlorenen Berliner oder Duisburger Shithole-Stadtbezirk verbringen.

Was kompensieren die Münsteraner eigentlich? Fehlende Größe? Dass wir keine U-Bahn haben? Dabei haben wir sogar eine Junkieszene, Islamisten und einen Straßenstrich. Ist das etwa toll? Warum glauben Leute immerzu, dass Urbanisierung erstrebenswert sei? Im Gegenteil: Nachverdichtung, Mieterhöhung, Flächenfraß, Vandalismus, Graffiti, Parkplatznot ... ehrlich: Wir sollten lieber klein bleiben.

Lieblingsorte

Ich habe lange überlegt, ob ich diese Lieblingsorte in Münster preisgeben soll. Ich fürchte nämlich, dass sie sich herumsprechen – und dann ist's vorbei mit der Idylle. Ich hoffe einfach, dass es schon nicht allzu viele Leute lesen werden…

Die Westerholtsche Wiese hinter dem Zoobad ist eine Oase in der Stadt und ein Platz mit reicher Geschichte. Von der gegenüberliegenden Seite des Stadtgrabens führt der stille Aa-Seitenweg mitten durch die Rückseite der Altstadt, am Zwinger vorbei, entlang des aufwändig renaturierten Flusslaufes bis zum alten Stauwehr am Zentrum Nord. Unbeweglich lauern Grau- und Silberreiher am Ufer auf Fische. Von dort immer den Pferden nach zum Hotel Wienburg. Schräg gegenüber vom Haupteingang führt eine kleine Skulpturenallee zum alten Portal des Gutes. Die Steinfiguren zeigen die personifizierten Jahreszeiten und Temperamente. Der sich anschließende über 20 Hektar große Wienburgpark ist eine der eindeutig besseren Ideen münsterscher Stadtplaner. Der Weg ins Kreuzviertel ist nicht weit und in der Finkenstraße findet sich die Weinstube Joducus, für die das Wort „Spelunke" eigens erfunden wurde. Manchmal erwartet die Gäste hier eine verwirrende Geschlechtervielfalt…

Wer vom Germania-Campus aus die ländliche Gasselstiege immer weiter stadtauswärts radelt, findet irgendwann zum Max-Clemens-Kanal und erreicht die Holtene Schluse. Diese urige Landkneipe beherbergt authentische

Hinter der Wienburg steht „Der Choleriker".

Münsterländer „Gastlichkeit", die sich schon darin aus-
drückt, dass keine Reservierungen angenommen werden.
Hier muss auch niemand fürchten, durch zu viel höfliche
Zurückhaltung darüber im Unklaren gelassen zu werden, ob er willkommen ist oder nicht. Wer es ist, betritt
den siebten Himmel deftiger Genüsse & Gemütlichkeit.
Zumindest war das bis zum Tod des Urpächters 2019
so. Ich zünde täglich eine Kerze im Dom an, damit es so
bleibt.

Die Werse schlängelt sich ruhig & romantisch durchs
Münsterland. Wer ihr mit dem Rad, dem Paddelboot
oder zu Fuß folgen will, kann sich von der Pleistermühle
aus entweder Richtung Handorf oder Angelmodde wen-
den. Flussaufwärts nach Angelmodde, vorbei an den verwunschenen Ruinen der alten Badeanstalt, die im Wasser
träumen, empfiehlt sich ein Abstecher zum Landlokal
Hoffschulte. Hinter dem Haus versteckt sich nämlich
einer der schönsten Biergärten des Münsterlandes.

Hm, beim Durchlesen fällt mir auf, dass alle Routen in
einer Gastronomie enden. Darum noch ein besinnlicher
Tipp: Am Ende des Horstmarer Landwegs – früher eine
idyllische Gegend, die leider durch einen Möbeldiscoun-
ter verwüstet wurde – liegt das Haus Spital. Im Ersten
Weltkrieg war hier ein größeres Kriegsgefangenenlager.
Unweit davon ist ein Soldatenfriedhof mit Gräbern deutscher, britischer, französischer, russischer und sogar eines
indischen Kriegers, deren verwitterte Inschriften span-
nende Geschichten der großen europäischen Tragödie
von 1914-1918 erzählen.

KAPITEL 2: Geschichte

Historisch exakte Rekonstruktion der Varusschlacht.

Münsters Frühgeschichte

Ganz früher – in der Bronzezeit – war das Münsterland eine Boom-Region. Das belegt der Fund einer riesigen Friedhofsanlage bei Warendorf. Eine außergewöhnlich breite Zufahrt deutet darauf hin, dass dort starker Verkehr geherrscht hat (wobei sich vermutlich damals schon mancher Münsteraner über den schleichenden Warendorfer im Einbaum vor ihm ärgerte).

Dreitausend Jahre später siedelte der Germanenstamm der Brukterer an den Ufern der Aa. Die Brukterer beteiligten sich am antiimperialistischen Kampf im Teutoburger Wald unter Führung des CHEruskers Arminius, vermutlich fuhren sie die Römer mit prähistorischen Fahrrädern ohne Licht über den Haufen.

Später wurden die Brukterer selbst vertrieben und zwar von nachrückenden Sachsen. Die Brukterer wanderten ins Sauerland ab. Erst viel später kamen einige zurück – angeblich zum Studieren, aber in Wahrheit wahrscheinlich, um zu sehen, ob die Luft wieder rein ist.

Die Sachsen in Westfalen wehrten sich bis zuletzt mit Klauen und Zähnen gegen die Christianisierung durch die Franken. Darum wurden sie von Karl dem Großen besonders gründlich und gnadenlos strafmissioniert. Das wirkte nachhaltig, sodass aus ihnen die frömmsten Katholiken wurden. Das wirkte für Jahrhunderte, bis in unsere Zeit.

Die Wiedertäufer

Die Wiedertäufer sind seit 1534 ein fester Bestandteil von Münsters Folklore. Die Story hat alles, was eine Legende braucht: Sex, Intrige, Grusel, Action. Kein Wunder, dass die Episode zum identitätsstiftenden Mythos wurde. Dabei waren Endzeitsekten im späten Mittelalter eine weit verbreitete Modeströmung wie heute „Fridays for Future". Dass also ausgerechnet Münster zum Schauplatz des „neuen Zion" wurde, war mehr oder weniger Zufall.

In den folgenden Jahrhunderten war die Rezeption der Geschichte ausgesprochen wechselhaft. Lange galt das Schicksal der Wiedertäufer, die zu Tode gefoltert in Käfigen am Lambertikirchturm als Rabenfraß endeten, als „Warnung an alle unruhigen Geister". Mit Aufkommen des Historismus um 1900 setzte dann eine Kitsch-Nostalgie ein.

Die Nationalsozialisten konnten sich nicht entscheiden, ob sie die Wiedertäufer als Proto-Kommunisten verdammen oder als Aktivisten im Kampf gegen die ebenso verhasste Kirche feiern sollten. Der Autor Friedrich Reck-Malleczewens nutzte während des Dritten Reiches in seinem Roman „Bockelson – Geschichte eines Massenwahns" das Wiedertäufer-Epos als Allegorie auf den Fanatismus der Nazis und für versteckte Regimekritik. Auch nach dem Krieg wurden vielfach Parallelen zwischen Täuferreich und NS-Regime gezogen sowie zwischen deren Hinrichtung und den Nürnberger Prozessen.

Die Mittelalter-Version von: Warnhinweis,
nicht nachmachen!

In den 1970er und -80er Jahren erlebten die Wiedertäufer im linken Spektrum eine sozialromantische Verklärung als Klassenkämpfer. So war Bernd Knipperdollinck (dessen Nachname übrigens „kleiner Furz" bedeutet) in Münster Namensgeber für eine Kneipe und ein alternatives Stadtmagazin.

Heute werden die Täufer immer wieder mal mit linken, mal mit rechten Terrorregimen verglichen, neuerdings auch mit dem Islamischen Staat. Zudem taucht immer wieder die Forderung auf, unliebsame Zeitgenossen in die Käfige am Turm zu stecken, z.B. Trump, Erdogan und Kim Yong Un wie beim Rosenmontagsumzug 2018. Andererseits stehen die Täufer unfreiwillig Pate für Lokalpatriotismus, z.B. in einem Song der Punkband Radiolas, die singen: „Hier bei uns im schönen Münsterland, stehen keine Wolkenkratzer, keine U-Bahn, die die ganze Zeit fährt, doch drei Käfige, wenn sich wer beschwert…".

Apropos: Zuletzt 2017 kam es zu einer inszenierten Mediendebatte um die Körbe, die zarte Seelen verstören könnten und wegen expliziter Gewaltdarstellung nicht mehr zeitgemäß seien. Das ist natürlich Blödsinn von Heulsusen der Generation Fahrradhelm. Die Käfige zählen nun mal zum Inventar der Stadtgeschichte und tragen zur Originalität Münsters bei. Und wer was anderes sagt, wird hineingestopft…

„Mordkreuze" erinnern an Kapitalverbrechen alter Zeit.

Gespenstergeschichten

Die Münsterländer hatten immer einen ausgeprägten Sinn für Spiritualität. Das zeigt sich im katholischen Glauben, aber auch im Aberglauben: Rund um Münster wimmelt es vor Spukgeschichten, Spökenkiekern und Teufelsmalen.

Besonders in den Wäldern der Davert und im Venner Moor müssen die Untoten bei der Dichte an Geisterlegenden ganz schön zusammenrücken. Selbst mitten in der City, zwischen Aegidiistraße und Rothenburg, geht der verfluchte Amtmann Timphot um, dessen Geist die Aegidiikirche einstürzen ließ.

Vielleicht liegt die Versponnenheit an der Münsterländer Landschaft mit ihren knorrigen Eichen und Wallhecken, deren Konturen in der zwielichtigen Dämmerung alle möglichen Gestalten annehmen. „Schaurig ist's, übers Moor zu gehen", schrieb schon Annette von Droste-Hülshoff.

Zu ihrer Zeit verfügte gefühlt jeder Zweite über „das zweite Gesicht". Kein Wunder, dass es in Münster und einigen Umlandgemeinden ein Spökenkieker-Denkmal gibt, das meistens einen Schäfer darstellt. Der Unfalltod des Bauern Deckenbrock 1879 und der Brand der Loburg 1899 wurden von Spökenkiekern exakt vorhergesagt. Spökenkieker heißen heute „Trendforscher" oder schlicht „Berater", aber die Qualität der Prophezeiungen hat stark nachgelassen.

Von der schwarzen Geisterkutsche, die durch die Hohe Ward kurvt bis zur Selbstmörderin von Halstenbeck, die bei Vollmond versucht, junge Männer in der Bever zu ertränken, gibt es an jeder Ecke creepy Geschichten, diverse „Mordkreuze" inklusive.

Manche Spuksagen haben allerdings einen profanen Hintergrund: 1820 war man überzeugt, dass im Keller des Wolbecker Drostenhofes ein Poltergeist spukte. Selbst zwei Exorzisten, die Münsters Bischof auf Flehen des Grafen zur Untersuchung des Falles geschickt hatte, liefen schreiend vor dem Geist davon und weigerten sich, die Gewölbe erneut zu betreten. Die einzige Person, die keinerlei Angst vor dem Gespenst zeigte, war die resolute Buchhalterin Hoyer. Nach ihrem Tod fand der Spuk abrupt ein Ende. Im Keller entdeckte man statt eines kettenklirrenden Geistes – eine heimliche Schnaps-Destillation. Vielleicht hängen die zahlreichen Geister-Visionen ja mit einer anderen Spezialität des Münsterlandes zusammen: dem klaren Kornbrand.

Auch wenn das einst granitharte Glaubensfundament im Münsterland bröckelt wie die Wählerschaft der Sozialdemokratie – der Sinn für Übersinnliches ist geblieben. Nur sind es heute Schreckgespenster wie CO_2, vor denen sich die Menschen fürchten…

Emsrepublik

Wenige Wochen nach dem Ende des Ersten Weltkrieges kam es wohl zum skurrilsten Kapitel der Münsteraner Stadtgeschichte – dem Versuch einer eigenen Staatsgründung!

Während in Berlin und anderen Städten des Reiches Kommunisten mit Karabinern und roten Fahnen durch die Straßen wogten, um Deutschland in einen Sowjetstaat zu verwandeln, gebar in Münster die nackte Angst vor Infizierung mit einer roten Revolution einen irren Plan:

Von Papenburg im Norden bis Recklinghausen im Süden, von den Niederlanden im Westen bis Osnabrück im Osten sollte links und rechts der Ems ein neuer, unabhängiger Freistaat entstehen – die „Emsrepublik"! Mit Münster als Hauptstadt und Münsters Bischof als Landesvater. Westfälisches Platt wäre die Landessprache gewesen.

Die Emsrepublik sollte ein festes Bollwerk gegen alle sozialistischen Umsturzversuche sein. Die Münstersche Zeitung gab die Parole aus „Los von Berlin!". Einen Slogan hatte man auch schon: „Unterm Krummstab ist gut wohnen!".

Um die Niederlande als militärische Schutzmacht zu gewinnen, versuchte man den Holländern die Emsrepublik als neutralen Pufferstaat zum Deutschen Reich schmackhaft zu machen. Die Holländer tippten sich an die Stirn.

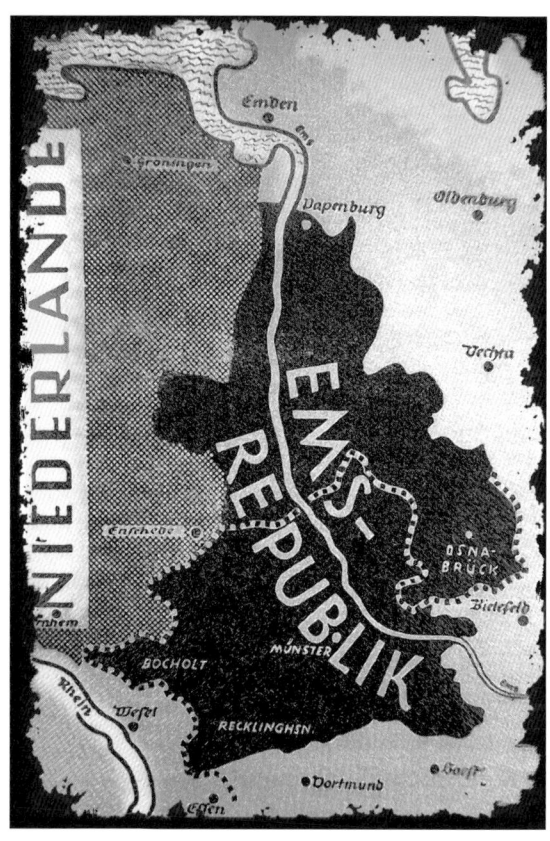

Der schöne Traum vom eigenen Westfalenreich.

Dennoch kamen die Sezessionisten ganz groß in Fahrt. Aber auf der Gründungsversammlung im Januar 1919 in Hamm trafen schlechte Nachrichten ein: Die Ruhrindustrie lehnte die wirtschaftliche Versorgung des Zwergstaates ab. Und Berlin ließ mit freundlichen Grüßen vermelden, man werde auf eine Abspaltung mit dem militärischen Einmarsch reagieren. Die Gründungsväter bekamen kalte Füße...

Schade, denn die Konstituierung wäre die endgültige Heilung vom Provinzkomplex gewesen. Wir Münsteraner wären heute Einwohner einer Landeshauptstadt mit Regierungssitz. Praktischerweise hat das Gründungskomitee aus Gründen der Gesichtswahrung die Sezession formal nicht aufgegeben, sondern nur auf unbestimmte Zeit verschoben – man könnte den Plan also spontan wieder aufnehmen...

Andererseits ist es vielleicht gut so, denn möglicherweise hätte das Vorhaben jahrzehntelangen Separatistenterror wie im Fall der IRA oder ETA nach sich gezogen. Man stelle sich vor, man schaltet morgens das Lokalradio ein: „Und nun die Nachrichten – in Ostbevern explodierte heute früh ein Trecker. Zu dem Anschlag bekannte sich ein ‚Katholisches Kommando Schwester Euthymia' für die Republik freies Emsland ... jetzt zum Sport..."

Münster im Nationalsozialismus

Die „ersten 500 Jahre"...

Hitler hasste Münster. In seinen nächtlichen Monologen im Kreis seiner Teerunde lästerte er mehrfach über die „Pfaffenstadt". Besonders Münsters Bischof Galen brachte Hitler mit seinen Anti-NS-Predigten, die heimlich vervielfältigt im ganzen Reich Verbreitung fanden, zur Weißglut. Hitler schwor, nach dem Endsieg „bis aufs i-Tüpfelchen" mit Galen abzurechnen und ihn auf Münsters Domplatz öffentlich aufhängen zu lassen. Trotzdem besuchte Hitler Münster, ebenso wie Goebbels und Himmler. Goebbels wohnte in den Zwanziger Jahren sogar eine kurze Zeit hier, erst an der Wolbecker-, dann an der Königsstraße.

Für die Nationalsozialisten war Münster ein schwieriges Pflaster, denn der tief verwurzelte Katholizismus erwies sich als granithart und schwer zu knacken. Die Münsteraner brauchten kein Kreuz mit Haken. Das Foto einer Osterprozession illustriert das deutlich: Hinter dem Bischof und weihrauchschwenkenden Ministranten marschieren die NS-Uniformträger andächtig hinterdrein. Eine Szene, die andernorts undenkbar gewesen wäre. Die örtlichen Parteiführer trieb das oftmals zur Verzweiflung und sie klagten in Fernschreiben nach Berlin ihr bitteres Leid.

In der „Reichskristallnacht" demolierte Münsters SA die Synagoge in der Klosterstraße. Die Randale forderte ein Todesopfer: Beim Eintreten einer Scheibe zog sich ein SA-

Was hätte Blondie dazu gesagt? Wuff!

Mann durch eine Scherbe eine Blutvergiftung zu, an der er verstarb – „Instant Karma"!

Die „zweiten 500 Jahre"...

Auf dem Domplatz durften Kinder für einen Groschen von einem Podest Zündplättchen auf einen Stadtplan von London werfen. Derweil tagten im „Gauhaus" am Aasee die Spitzen von Partei und Stadtverwaltung und planten die möglichst effiziente Deportation der Münsteraner Juden – Münsters „Aasee-Konferenz"! Zu den ersten Bombenschäden am Hafen pilgerten sonntags viele Schaulustige.

Die Jüdin Marga Spiegel wurde mit ihrem Mann und ihrer Tochter von 1943 bis Kriegsende zwei Jahre lang von fünf Münsterländer Bauernfamilien versteckt, bis sie es schaffte, sich in Münster falsche Ausweispapiere zu erschwindeln. 1969 schrieb sie über ihre Geschichte das Buch „Retter in der Nacht". Das Buch wurde 2009 mit Veronica Ferres und Armin Rhode in den Hauptrollen verfilmt. Der Staat Israel ehrte die Bauern als „Gerechte unter den Völkern". Marga Spiegel wurde 102 Jahre alt und lebte bis 2014 am Aegidiimarkt.

Als Montgomerys Armee das Münsterland erobern wollte, fürchtete sie den „Westfalenwall", unter dem sie sich einen zweiten Atlantikwall vorstellte. Doch das angebliche Bollwerk erwies sich als gigantischer Fake, nicht mehr als eine zusammenhanglose Reihe von Erdlöchern. Münsters „Ostfront" verlief nun am Dortmund-Ems-Kanal. Eine Münsteraner Schülerin schrieb in ihr Tagebuch:

„Die Adlerie ergab sich und die Oberrichkeit floh." Innerhalb des Promenadenringes hausten noch 17 Familien in den Trümmern. Ostern 1945 waren Krieg und Nationalsozialismus in Westfalen vorbei.

Im April 1945 sollte der SS-Hauptsturmführer Otto Kisnat den italienischen „Duce" Mussolini in die Schweiz schmuggeln. Nach dem Krieg lebte Kisnat unauffällig in Münster. 1978 bekam er in seiner Wohnung am Dahlweg Besuch vom Stern-Reporter Gerd Heidemann, dem er seine Erinnerungen als Story anbot. Man fand aber zu keiner Einigung über das Honorar. Fünf Jahre später hatte Heidemann eine viel bessere Geschichte: Die angeblichen Hitler-Tagebücher – die zur größten Pleite des Stern wurden…

Was Andere über Münster sagen:

Ausgerechnet Münster! Diese Pfaffenstadt! Da hat mir mal einer fast die Wagentür ins Kreuz geschlagen!

Adolf Hitler

Ohne Holland fahr'n wir zur WM...

Münster als Teil der Niederlande

Mit unseren niederländischen Nachbarn kommen wir im Allgemeinen gut aus. Man fährt mit der Regionalbahn schnell nach Enschede zum Einkaufen oder nach Katwijk an den Strand, die Holländer strömen in Scharen zum Münsteraner Weihnachtsmarkt. Die Holländer lieben die Gemütlichkeit der Altbierküche von Pinkus Müller; Münsters Jugend liebt die Coffeeshops von Amsterdam.

Beinahe wäre es allerdings ganz anders gekommen: Nach dem Zweiten Weltkrieg standen die Niederlande auf der Seite der alliierten Gewinner. In gehobener Siegesstimmung träumten holländische Hyper-Patrioten von großen Annexionen. Rund fünftausend Quadratkilometer deutscher Boden sollten die Niederlande zu einem Groß-Holland machen. Von der Emsmündung im Norden bis Düren im Süden sollte Hollands Grenze in einem großen Bogen vorgeschoben werden. Münster wäre demnach die östlichste Großstadt der Niederlande geworden und Warendorf zur Grenzstadt zu Deutschland.

Aber die Amerikaner spielten nicht mit. Sie hatten kein Interesse am einem großniederländischen Agrarland, sondern wünschten eine militarisierte Bundesrepublik. Die ehrgeizigen Besatzungspläne der Holländer wurden auf wenige Hektar um das Örtchen Suderwick eingedampft, das geteilt wurde und nun auf niederländischer Seite für einige Jahre Zuiderwijk hieß, bis die Niederländer freiwillig wieder abrückten.

Nun ja, ohne unseren Nachbarn nahetreten zu wollen: Es ist nicht so, dass Kibbeling und Saus Patat keine großen kulinarischen Errungenschaften der Niederlande wären, auf die man nicht stolz sein könnte – aber wer will bei der Fußball-WM schon Holländer sein? Außerdem hätte Münster dann heute keinen Weihnachtsmarkt und so gesehen haben die Niederländer selbst Glück gehabt.

Münster im Kalten Krieg

Bis in die achtziger Jahre war es nichts Ungewöhnliches, dass Düsenjäger der Bundeswehr im Tiefflug über das Münsterland donnerten und mit lautem Knall die Schallmauer durchbrachen. Der Schulunterricht wurde mehrmals im Jahr durch Probealarme unterbrochen. Beim an- und abschwellenden Heulton der Luftschutzsirenen mussten alle Schüler das Gebäude verlassen und sich auf dem Schulhof einfinden. Beim Brombeerpflücken im Truppenübungsgelände Dorbaum konnte man sich zu Tode erschrecken, wenn plötzlich Soldaten mit Tarnschminke, Sturmgewehr und aufgepflanztem Bajonett aus den Büschen sprangen. Jeden Herbst verursachten die Panzerübungen auf dem Land massive Flurschäden. Es war eben Kalter Krieg.

Anfang der Achtziger schlitterte das Münsterland nur knapp an der nuklearen Katastrophe vorbei, ohne dass es jemand mitbekam: Im November 1983 begann in ganz Westeuropa die NATO-Übung „Able Archer" (Fähiger Bogenschütze). Eigentlich ein Routine-Manöver. Doch diesmal sollte der koordinierte Einsatz atomarer Mittelstreckenraketen trainiert werden. Zudem war strikte Funkstille verordnet.

Der Aufmarsch wurde natürlich in Moskau registriert und löste die höchste Alarmstufe aus, weil die russische Führung an einen real bevorstehenden Angriff glaubte. Sofort wurden in Militärbasen der DDR in Grenznähe

Das letzte Relikt des Kalten Krieges im Stadtbild.

Kampfflieger mit Atombomben bestückt. Die Bomber rollten aus den Hangars, die Piloten saßen startbereit in den Cockpits, die Motoren liefen warm.

Amerikanische Spione in der DDR meldeten diese Mobilmachung hektisch in das NATO-Hauptquartier. US-Präsident Reagan erkannte die akute Gefahr eines Dritten Weltkriegs und ließ Able Archer augenblicklich abbrechen. Die Atombomber in der DDR rollten darauf wieder zurück in die Garagen.

Wäre die Sache schiefgegangen und aus Versehen der Atomkrieg ausgebrochen, wäre das Münsterland eines der ersten Ziele der Bomberpiloten gewesen, denn die Strategie des Warschauer Paktes war, innerhalb von 24 Stunden unter Brechung jeglichen Widerstandes durch Niedersachsen und das Münsterland an Ruhr und Rhein vorzustoßen.

Die Flieger hätten ihre Nuklearbomben über Rheine (Luftwaffenstützpunkt), Saerbeck (Munitionsdepot), Schöppingen (Bombenlager) und Ostbevern (Raketenbasis Schirlheide) ausgeklinkt. Doch auch die Abfangjäger aus Hopsten hätten mit atomaren Waffen geantwortet. Die A43 bei Dülmen besaß extra schnell demontierbare Mittelleitplanken und keinen Grünstreifen, um als Start- und Landebahn für Atomjets zu dienen. Münster selbst, als britische Garnison und Hauptquartier des deutsch-niederländischen I. Korps, hätte weit oben auf der Liste der Ziele gestanden. Bei einer Eskalation wäre das Münsterland Geschichte gewesen. Um Haaresbreite

Glück gehabt! Wie real die Kriegsgefahr damals war, erfuhr man natürlich nicht.

Stattdessen zog auch im Münsterland die „Friedensbewegung" gegen die Stationierung amerikanischer Mittelstreckenraketen (nicht aber gegen russische SS-20-Raketen) zu Felde. Der Witz ist, dass die unpopuläre Nachrüstung auf ein Gleichgewicht zum atomaren Niveau der Sowjetunion wohl mehr für die Sicherung des Friedens bewirkt hat als die „Friedenbewegung".

Mit der deutschen Wiedervereinigung und dem „2 + 4-Vertrag" endete der Kalte Krieg. Die letzten sichtbaren Relikte dieser Ära sind einige vergessene gelbe Verkehrsschilder, die in der alten BRD an jeder Brücke standen und deren Belastbarkeit für Panzer anzeigten.

Was Andere über Münster sagen:

Leistet man ihrer Trinklust Vorschub und verschafft ihnen so viel, wie sie wollen, wird man sie (die Brukterer) leichter durch ihr Laster als mit Waffen besiegen.

Tacitus

Squaddies und Glasgow Handshake – Die Engländer in Münster

Ostern 1945 kamen Besucher von der britischen Insel und blieben die nächsten siebzig Jahre. Aus Besatzern wurden NATO-Partner und manche blieben sogar nach ihrer Militärzeit, um Münsteraner zu werden.

Das Verhältnis zu den Tommys war nicht immer unbeschwert. So mancher Einheimische machte Bekanntschaft mit dem „Glasgow Handshake" – einer Kopfnuss aufs Nasenbein. Dafür brachte der „British Forces Broadcasting Service" (BFBS) schon frühzeitig Ska, New Wave und Northern Soul nach Münster.

Ansonsten hatte man mit den „Limeys" kaum Kontakt. Am Servatiiplatz gab es bis in die 1980er ein englisches Kino (das „Globe"), zu dem Deutsche bis lange nach dem Krieg keinen Zutritt hatten. Die englischen Frauen erkannte man daran, dass sie auch bis weit in die zweite Lebenshälfte grell geschminkt waren und Minirock trugen. Männliche Briten konnte man schon von weitem ausmachen, da kein Münsteraner jemals freiwillig – auch nicht betrunken – auf die Idee käme, in den Aasee zu springen!

Das Leben der „Squaddies" (Soldaten) war hart, angefangen von den Aufnahmeritualen in der Armee. Die Rekruten wurden gezwungen einen „Pint of Port" (0,4l) zu exen, was spontanes Erbrechen zur Folge hat. Beim „Dance oft the flaming Arseholes" klemmte man ihnen

Motto & Mützenabzeichen der Tommys: Death or Glory!

eine brennende Klopapier-Fahne zwischen die Pobacken. Ethnische Konflikte zwischen Engländern, Schotten und Walisern wurden handfest in und vor den Kneipen Zum Landsmann (heute Rote Lola) und Dallas (damals Kleine Bahnhofstraße) geklärt.

Die Soldaten hatten vor nichts Angst – außer vor der Militärpolizei. Die Drohung „I'll call the MP!" ließ selbst brutalste Hooligans handzahm werden. Der englische Sänger der Münsteraner Rockband „Six Micks" brachte in den 1980ern eines Tages dicke Schalldämmplatten mit in den Proberaum. Auf die neugierige Frage, woher er diese denn habe, antwortete er andeutungsvoll: „Aus dem ‚Interview-Room' der Military Police…".

In Münsters Kasernen genossen die Soldaten den Unterbringungskomfort der Vorkriegszeit – der des Ersten (!) Weltkriegs! Ein Squaddie schrieb: „It was a shithole of a place!". Trotzdem galt Münster als sehr beliebter Stationierungsort. Bis in die achtziger Jahre war das Leben in Germany bedeutend besser als im Königreich, da England nach dem Krieg wirtschaftlich nur schwer auf die Beine kam, obwohl das United Kingdom fast dreimal so viel Gelder aus dem Marshall-Plan bekommen hatte wie Westdeutschland.

Es gab durchaus freundliche Kontakte: Im Casino der Lincoln-Kaserne an der Grevener Straße kostete ein deutsches Pils nur eine Mark – auch für deutsche Besucher. Allerdings kannten nur wenige diesen genialen Geheimtipp. Die Ackerschäden durch Panzerübungen wurden von den Briten so großzügig ersetzt, dass die Bauern die Herbstmanöver als „zweite Ernte" begrüßten.

In den Neunzigern produzierte das britische Fernsehen die Serie „Soldier, Soldier", die den Zuschauern das Leben in der Army näherbringen sollte. Eine der 82 Folgen spielte in Münster: In der Jüdefelderstraße drehte das englische Kamerateam eine wüste Kneipenschlägerei. Die britischen Komparsen brauchten keine großartigen Regieanweisungen, um authentisch zu agieren…

Zur selben Zeit ereignete sich ein Drama: An einem Freitagnachmittag hielt ein Auto mitten auf dem belebten Albersloher Weg neben drei englischen Soldaten. Der Fahrer fragte sie nach dem Weg nach Dortmund. Als die drei hilfsbereit näherkamen, wurden sie mit einem Sturmgewehr erschossen. Zu dem Mord bekannte sich die IRA. Die Squaddies reagierten mit Galgenhumor: „Ich weiß nicht, wo Dortmund ist!", wurde zum geflügelten Wort.

Die gemütliche Zeit in Münster war für die Tommys vorbei, als die Truppen nach Afghanistan und in den Irak geschickt wurden. Nun wurde die Garnison zur Auffrischungs-Etappe traumatisierter Krieger.

Mit dem Abzug der Rheinarmee endete ein Kapitel europäischer Nachkriegsgeschichte. Was bleibt, sind viele Immobilien, ein Stück Stadthistorie und einige Lebensläufe, die durch den Militärdienst von der Insel dauerhaft an die Aa führten.

Tschüss, macht's gut, Tommys! War nett mit euch.

Das erste Mal

Von geschichtlichen Entwicklungen erwartet man, dass sie in den Kapitalen der Welt ihren Anfang nehmen. Die Hauptstadt Westfalens ist nicht gerade als Schrittmacher des Zeitgeistes bekannt. Darum ist es schon Ironie, dass mehrere Strömungen im Lauf der Bundesrepublik ihre Premiere in Münster erlebten. Zum Beispiel...

- Das erste Stones-Konzert:

Was die Rolling Stones 1965 bewog, ihr erstes Konzert auf dem europäischen Kontinent ausgerechnet in Münster durchzuführen, wird wohl ewig ihr Geheimnis bleiben. Im Publikum studierten die Polizeichefs der übrigen Tourneestädte die jugendlichen „Gammler" und planten Anti-Halbstarken-Strategien. Die „Westfälischen Nachrichten" schrieben von einer „Heimsuchung" durch Mick Jagger & Co. Dafür dauerte sie nicht lange: Für 12 D-Mark Eintrittsgeld spielten die Stones nur 20 Minuten. Von der Vorgruppe „Didi & die ABC-Boys" hat man im Gegensatz zu den Stones nie wieder gehört.

- Die erste Schwulendemo:

Franz-Josef Strauß wird der Satz zugeschrieben: „Lieber ein kalter Krieger, als ein warmer Bruder" und die meisten Münsteraner sahen das 1973 wohl ähnlich. Warum die Organisatoren des ersten bundesdeutschen Schwulen-Protestmarsches sich ausgerechnet die Domstadt aussuchten, war wohl eher Zufall. Der Demo-Zug durch die Innenstadt hinterließ viele irritierte Gesichter. Der

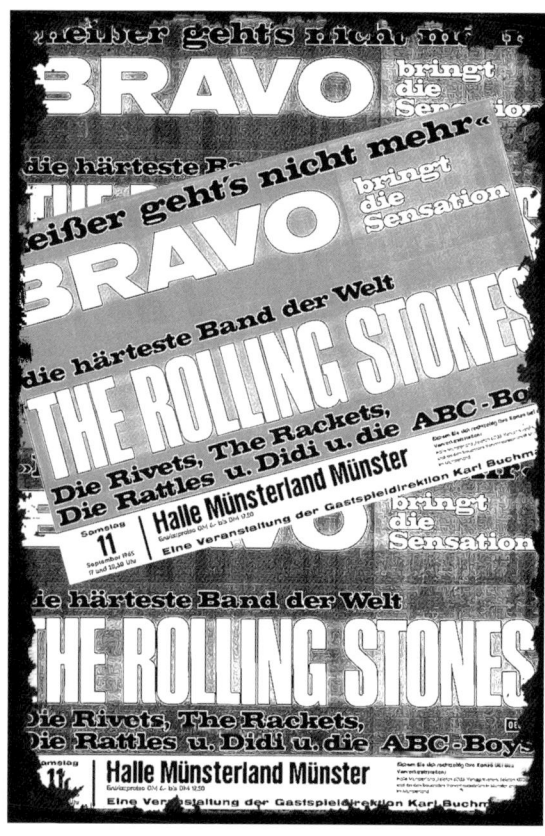

Was wurde wohl aus Didi & die ABC-Boys?

Motorrad-Polizist in Lederkluft, der zur Verkehrssicherung vorweg fuhr, wäre jedenfalls auch gut als Mitglied von „Village People" durchgegangen...

- Der erste Justizskandal:

Maria Rohrbach aus dem Kreuzviertel wurde beschuldigt, ihren Mann ermordet, zerstückelt und seinen Kopf im Ofen ihrer Wohnung verbrannt zu haben. Aufgrund des Gutachtens eines Professors verurteilte sie das Landgericht Münster 1958 zu lebenslanger Haft. Zwei Jahre später entdeckte ein Liebespaar den angeblich verbrannten Schädel an der Pleistermühle im Gebüsch. Der Prozess wurde neu aufgerollt. Hochkarätige Anwälte zerpflückten die Indizien als grotesken Schwindel. Maria Rohrbach kam frei. Der Justizskandal schlug hohe Wellen: Sämtliche Urteile, die auf Gutachten des Scharlatans beruhten, wurden überprüft.

- Einer der ersten Bioläden:

Als Freunde von Vollwerternährung noch als „Körnerfresser" beschimpft wurden, eröffnete Rainer Welke 1973 an der Josephskirche einen der ersten von fünf Bioläden in Westdeutschland, das „Makrohaus". In der Tat war die Qualität der Produkte noch recht... nun ja, „rustikal". Dennoch konnte das Unternehmen bald expandieren und in größere und hellere Räume an der Achtermannstraße ziehen. Dagegen protestierten aber nun die Kunden, die in dieser Expansion einen Ausverkauf an den teuflischen Kapitalismus sahen! Nur mit Mühe gewöhnten sich die Konsumenten an die Supermarkt-Atmosphäre. Heute ist mit der SuperBioMarkt AG einer der großen Player der Bio-Branche hier zuhause.

- Eine der ersten Hausbesetzungen:

Die Wohnungsnot unter Studenten spitzte sich Anfang der 70er Jahre dramatisch zu. Vor dem Schloss wurden Zelte aufgestellt, damit die Erstsemester nicht auf Parkbänken schlafen mussten. Im Rathaus verstand man den ganzen Wirbel nicht: Die Ratsmitglieder hatten doch Wohnungen – also konnte von Wohnungsnot gar keine Rede sein. Die Studenten warteten nicht länger und schufen Fakten: Sie besetzten das Eckhaus Grevener-/ Steinfurter Straße. Polizei & Politik standen dem neuen Phänomen etwas hilflos gegenüber, zumal die Münsteraner durchaus Sympathien für die Selbsthilfe zeigten. Die spätere Besetzung der Frauenstraße 24 ging als eine der längsten in die Geschichte der Bonner Republik ein.

Was Andere über Münster sagen:

Als ich Anfang der 70er nach Münster kam, war das schrecklich. Es gab ein Radiogesetz, dass am Sonntag nur ernste Musik gespielt werden durfte. Sonntags war alles dicht, nur die Kirchen waren geöffnet. An den Wochenenden, wenn meine Studienfreunde nach Hause fuhren, war ich total einsam. Das änderte sich erst, als die erste Schwemme von Diplompädagogen keine Jobs mehr bekam und Kneipen eröffnete.

Burkhard Fritsche, Karikaturist BURKH

Die großen Kontroversen

Wir Westfalen sind sture Dickköppe. Wenn wir einmal eine feste Meinung gefasst haben, bleibt diese oft für die Ewigkeit in Granit gemeißelt und unumstößlich. Kollidiert sie mit einer anderen Meinung, können wir bocken wie ein verstockter Esel. Darum kommt es in Münster immer wieder zu Kontroversen, bei denen das sonst so kühle westfälische Temperament aufschäumt und überkocht. Hier eine kleine Chronologie:

In Wolbeck inspirierten Berichte über die Französische Revolution einen Schreiner dazu, eine Revolte auszurufen. Mit Gewalt zwang man den Bürgermeister, allen Wolbeckern schriftlich den Holzeinschlag im Tiergarten zu gestatten. Der Aufstand wurde von bischöflichen Elitesoldaten aus Münster beendet, nachdem eine erste Einsatztruppe durch Schnaps kampfunfähig gemacht worden war.

In Amelsbüren brachte eine Renovierung der Kirche die angestammte Sitzordnung der Familien bei den Messen durcheinander. Der „Bänkestreit" um die besten Plätze uferte in eine einwöchige Randale aus, in deren Verlauf ein Polizist verprügelt und dem Pfarrer alle Fensterscheiben eingeworfen wurden. Die Polizei verhängte eine scharfe Ausgangssperre. Rädelsführer konnten nicht ermittelt werden, weil die Bürger eisern schwiegen und sich gegenseitig deckten. Überraschend wurde die neue Sitzordnung danach allgemein akzeptiert.

Der berühmte „Bierkrieg" von 1888 ist eine bis heute gerne erzählte Anekdote, die sich in der gängigen Münster-Literatur oft wiederfindet: Nach einer Woche alkoholisierter Protestdemos musste der Bürgermeister eine vorgezogene Sperrstunde wieder zurücknehmen.

In den Neunzigern entwickelte ein Kreis von Klassikfreunden um den Autohändler Knubel die Idee einer Konzerthalle für Münster. Lange Zeit kam das Projekt nur in Trippelschritten voran und fand wenig Aufmerksamkeit. Nach zehn Jahren fühlten sich die Musikfreunde endlich stark genug, um ihren Plan der Öffentlichkeit zu präsentieren und zu verwirklichen. Dann ging alles schief: Das Timing war denkbar schlecht, weil eben erst durch Sparzwänge zwei Bäder geschlossen worden waren. Dafür jetzt eine Konzerthalle?, fragten die Münsteraner. Der geplante Bauplatz war umstritten: Die Initiatoren wollten ihre Halle unbedingt auf dem damaligen Hindenburgplatz (heute: Schlossplatz) und nirgendwo sonst! Den Platz für ihren geliebten Send und Flohmarkt wollten die Münsteraner aber nicht rausrücken. Eine Gegeninitiative setzte einen Bürgerentscheid durch. Ein eigens engagierter PR-Manager aus Berlin, der die Münsteraner pro Halle umstimmen sollte, versemmelte das Projekt endgültig: Durch die Werbung mit prominenten Fürsprechern wurde die Musikhalle allgemein als elitärer Luxus für „Reiche" wahrgenommen. Der Slogan „Halle oder Provinz" erinnerte die Münsteraner schmerzhaft an ihren provinziellen Komplex – das nahm man übel! Die Abstimmung wurde zur Klatsche: 70 % wünschten die

Halle zur Hölle! Das Thema geistert bis heute durch die Stadt…

1928 wurde der bis dahin schlicht „Neuplatz" genannte Platz vor dem Schloss „Hindenburgplatz" getauft. Immer mal wieder gab es einzelne Vorstöße, den Namen des Feldmarschalls und direkt gewählten Reichspräsidenten zu entfernen, die aber niemand ernstnahm, weil sich weder Münsteraner noch auswärtige Besucher daran störten. 2012 setzte CDU-Oberbürgermeister Lewe eine Historikerkommission ein, die zu dem Schluss kam, der Name sei nun untragbar. Die Lokalpresse startete eine vehemente Kampagne zur Umbenennung. Dabei wurde argumentiert, Hindenburg sei als „Hitlers Steigbügelhalter" zu bewerten. Dabei war Hindenburg bei Hitler und den Nazis ausgesprochen verhasst und wurde dagegen von Konservativen wie Sozialdemokraten als Bollwerk gegen Hitler angesehen. Der greise Hindenburg starb 1934. Mit 20.000 Unterschriften erzwangen Kritiker der Umbenennung wieder einen Bürgerentscheid. Der Wahlkampf wurde extrem heftig und emotional geführt, die „Nazikeule" war im Dauereinsatz. Die Gegner der Umbenennung unterlagen 40:60. Es dauerte lange, den ideologischen Graben in der gespaltenen Stadtgesellschaft wieder zuzuschütten. Beim „Münster-Barometer" gaben noch 2018 vierzig Prozent der Umfrageteilnehmer an, sich nicht an den neuen Namen Schlossplatz gewöhnt zu haben. Bei der Namensfindung wurde eine historische Chance verspielt: Denn unter den Alternativvorschlägen war auch der unvergessene Humorist

Buhu, mein Freund der Baum ist tot!

Loriot als Namensgeber. Leider hat die Verwaltung nicht umrissen, wie einmalig diese symbolische Wahl gewesen wäre. Man stelle sich vor: Landgericht Münster, Adresse: Am Loriotplatz 1!

Man kann in Münster alles machen – nur keine Bäume fällen! Na schön, das ist kein typisch münstersches Phänomen, sondern ein deutsches. Von den heiligen Hainen der Germanen über die Dichter der Romantik bis zu den Besetzern im Hambacher Forst führt eine direkte Linie. Der christliche Missionar Bonifatius wurde nicht von den Friesen totgeschlagen, weil er mit einer neuen Religion um die Ecke kam, sondern weil er eine heilige Donars-Eiche gefällt hatte. In Münster legen Baum-Umarmer regelmäßig Friedhofsblumen, Trauerkränze, Grabkerzen und selbstverfasste Gedichte auf den Stümpfen gefällter Buchen und Eichen nieder. 2018 löste die geplante Fällung zweier Platanen am Hansaring eine Krise aus. Die Bäume standen wichtigen Bauarbeiten im Weg, doch die Anwohner mobilisierten eine breite Unterstützung zur Rettung der Platanen. Durch Verhandlungen wurde die Fällung zunächst ausgesetzt. Die Bäume beherrschten wochenlang die Lokalpresse, auch der Oberbürgermeister schaltete sich ein. Als schließlich im Morgengrauen die Motorsägen kreischten, löste das einen Sturm der Empörung aus. Die Baumliebhaber rollten eine Baumscheibe als anklagendes Mahnmal vor das Stadthaus. Nach einiger Zeit beruhigte sich die Lage wieder. Der Streit flammte erneut kurzzeitig auf, als die von der Stadt erworbenen Ersatzbäume als zu dünn kritisiert wurden…

Anfang 2019 trug sich eine schöne Posse zu, die Münsters Realsatire-Potenzial voll ausspielte: Die Annette-Allee am Aasee ist das, was die Schlossallee beim Monopoly ist. Doch die Idylle wurde empfindlich gestört: Am Ende der Nobelmeile mit Seeblick liegt hinter hohen Hecken eine bischöfliche Sportanlage mit Planschbecken und Fußballplatz für junge Priesteranwärter. Das im Volksmund so genannte „Zöli-Bad" ist von Ostern bis Oktober in Betrieb, davon im Sommer vier Wochen geschlossen. Doch die Anwohner fühlten sich sonntags auf ihren grünumschäumten Terrassen durch „unzumutbaren, rücksichtslosen und gesundheitsgefährdenden Lärm" geplagt. Emissionsquelle ist die Handvoll Jungpriester, die sich sportlich betätigen. Zudem sei Sachschaden entstanden, weil ein Fußball in einem Blumenbeet landete. Ein Nachwuchspfarrer habe sodann auch noch Hausfriedensbruch begangen, als er über den Zaun stieg, um den Ball zurückzuholen. Die Anwohner klagten gegen den Betrieb des Zöli-Bads und forderten dessen Schließung. Vor Gericht hatten die Kläger damit keinen Erfolg. Eine außergerichtliche Einigung scheiterte, da die Fronten verhärtet sind. Tja, wir in Münster haben schon wirklich schwerwiegende Probleme...

P.S.: Was brüllen die Priesteranwärter eigentlich bei ihren Fußballbegegnungen? Wenn die „Golgatha-Bombers" gegen „Monstranz 05" das 4:1 schießen, johlt dann die Fankurve „Hosiannah!!!"? Skandieren die Herz-Jesu-Ultras „Kreuziget ihn!!", wenn der Mittelstürmer von Borussia Nazareth ein grobes geistliches Foul am Verteidiger begeht? Bedeutet die polizeiliche Fan-Klassifizierung „Kategorie C" also gar nicht „gewaltbereit", sondern „christlich"? Die Geschichte bietet Stoff für unzählige Witze.

Was Andere über Münster sagen:

Unter den vornehmeren Klassen dieses Volks herrscht ein unerträglicher Bauernstolz. Hartnäckiger Starrsinn hält mit ihrer Torheit Schritt. (...) Durch die schamlose Unbefangenheit beider Geschlechter wird unter dem Volke der Geschlechtstrieb zu früh entwickelt und in Gärung gebracht. Trunkenheit ist ein allgemeines Laster. Es äußert sich am sichtbarsten bei Hochzeiten, Kindtaufen und Errichtungen neuer Wohnungen. Sie saufen Branntwein wie Wasser.

Beyträge zur nähern Kenntniß Westphalens, 1806

Münsters schwerste Niederlage

Na schön, wir sind die „lebenswerteste Stadt der Welt". Von mir aus auch des Universums. Aber das ist nicht dasselbe wie Kulturhauptstadt Europas. Kulturhauptstadt Europas! Das würde bedeuten, in den Rang der großen alten Metropolen des Kontinents erhoben zu werden, in die Gesellschaft von Florenz, Kopenhagen, Paris und Madrid. Die Nachricht von Münsters Bewerbung um diesen Titel schlug ein wie der Hallesche Komet: Die Münsteraner waren schon so aufgeregt wie ein Teenie vor der ersten Party! Der kurze Traum von diesem Ehrenplatz zerplatzte 2004.

Als der Katalog mit den Bewerbungskriterien im Rathaus eintraf, machte sich Vorfreude breit. „Hm, mal sehen, hier steht ‚Besondere Architektur' – haben wir! Dann ‚bedeutungsvolle Geschichte' – auch abgehakt! Und hier ‚Rolle für Europa' – na, wozu sind wir die Stadt des Westfälischen Friedens?! Also: alles gar kein Problem!"

Nur über Punkt IV wurde gerätselt: „Verbesserung der stadtspezifischen Kulturförderung". Was sollte das nun bedeuten? Man schloss, „Das soll wohl heißen, wir müssen mehr Geld für Kulturvereine ausgeben." Durch Münsters Kulturszene ging ein Ruck. In Erwartung eines Geldsegens flatterten ungezählte Förderanträge ins Kulturamt und jeder DoKo-Club pochte auf gerade seine eminente Bedeutung für Europa. Das Wort „Kulturhauptstadt" fehlte in keinem der Briefe.

Der Ort der Niederlage. Ausgerechnet gegen Essen!

Es lief bestens! Von 16 Bewerberstädten blieben bald nur noch drei übrig: Köln, Essen und Münster. Die Endrunde mobilisierte ein mitreißendes Wir-Gefühl. Alle waren sich einig: Essen – das sich stellvertretend für das Ruhrgebiet beworben hatte – ist ja wohl kein ernstzunehmender Gegner! Harhar, dieses abgerockte Ruhrgebiet, das ist ja wohl ein Scherz! Dass die überhaupt antreten! Hohoho! Und dann noch mit diesem bekloppten Slogan „Ruhr hoch n", das kapiert doch keiner! Die Münsteraner schlugen sich wiehernd auf die Schenkel. Nur Köln machte ihnen noch ein paar Sorgen, wegen Kölner Dom, Rhein, Rosenmontag und so. Aber das würden wir schon schaffen! In Köln arbeitete sogar ein konspiratives Kommando von Exil-Münsteranern unter dem Namen „Jan van Leyden" an der subversiven Sabotage der Kölner Bewerbung!

Das Ende kam eiskalt. Als die fünf Jurymitglieder des NRW-Kulturministeriums auf dem Rathausbalkon einstimmig ihre Entscheidung für Essen verkündeten, traf die Münsteraner ein Schock! Tausenden, die in knallroten Kampagnen-Shirts auf dem Prinzipalmarkt versammelt waren und schon Luft geholt hatten, um in Jubel auszubrechen, blieb fassungslos der Mund offenstehen. Ausgerechnet Essen! Damit hatte niemand gerechnet. Die Münsteraner schlichen gedemütigt nach Hause und vergaßen sogar, die Jury in die Wiedertäuferkäfige zu stopfen. Im Kulturamt landeten am nächsten Morgen zahllose Förderanträge im Papierkorb.

Das Trauma sitzt bis heute tief. Der Titel „Lebenswerteste Stadt der Welt" konnte nur notdürftig darüber hinweghelfen und wurde irgendwie als Trostpreis empfunden. Es dauerte ein paar Jahre, bis sich die Münsteraner schließlich doch mit dem „Livcom Award" anfreundeten. Heute ist man zwar stolz darauf, aber immer mit einem kleinen Augenzwinkern: „Na ja... lebenswerteste Stadt ‚der Welt'..." Kulturhauptstadt Europas klang doch irgendwie echter und verdienter.

Dass sich Münster nach dieser ernüchternden „Ice-Bucket"-Dusche jemals erneut um diese Marke bewirbt, ist sehr zweifelhaft.

Was Andere über Münster sagen:

Man kann sich hier ganz passabel beerdigen lassen.

Fabio Chigi, Päpstlicher Gesandter

KAPITEL 3: Leben

Festivitäten & Folklore

Früher war in Münster nichts los. Heute hat die Event-Dichte das Ende der Belastbarkeit erreicht. Man weiß kaum noch, wo man zuerst hingehen soll: Stadtfest, Hafenfest, Barockfest, Straßen- und Viertelfeste, Open-Air-Kino, Turnier der Sieger, Vainstream-Festival (eines der ganz seltenen innerstädtischen Musikfestivals!), Gourmetfest „Münster verwöhnt", Hansemahl, Schauraum – Nacht der Museen & Galerien, Montgolfiade, Polo-Picknick … es ist dauernd irgendwas.

Besonders überraschend ist der große Erfolg des Oktoberfestes in Münster. Jeden Herbst werfen sich über zehn Tage lang allabendlich bis zu fünftausend Münsteraner in Dirndl & Lederhosen und reißen das Festzelt ab. Wenn Münsters Oberbürgermeister mit „O'zapft is!!!" das erste Fass anschlägt, schütteln Burschen und Madln ihre westfälische Schwersteißigkeit ab wie nasse Hunde und geraten in entfesselte Ekstase, als läge Münster an der Isar statt an der Aa. Nicht ohne Stolz verkündeten die lokalen Medien, dass der Pro-Kopf-Bierkonsum auf Münsters Wiesn in den letzten Jahren um einen Drittelliter höher als in München lag!

Dabei ging der erste Versuch eines Oktoberfestes in Münster gründlich daneben! Als die Halle Münsterland in den 1960ern ein original Münchner Oktoberfest plante, waren die Münsteraner ausgesprochen skeptisch, der Kartenverkauf lief nur schleppend. Werbefritzen hatten sich für die Veranstaltung in Anspielung auf

Irgendwas ist immer los.

München-Münster den bekloppten Titel „Mü-Mü" ausgedacht. Zu Reklamezwecken waren die Busse mit blau-weißen Fähnchen geschmückt. Darüber kam es zu einem bizarren Streit: Erboste Münsteraner forderten eine paritätische Beflaggung aus ebenso vielen Münster- wie Bayernfahnen – die Busse erhielten genau 50 % Münster-Fähnchen. Die Stimmung war endgültig vermiest, als die Kapelle zum Festauftakt den „Badenweiler Marsch" spielte, der im Dritten Reich als Begleitmusik für Auftritte Hitlers zum rituellen Grundinventar zählte. Für das Scheitern des Mü-Mü gaben sich Münchner und Münsteraner Zeitungen gegenseitig die Schuld. Es blieb für die nächsten Jahrzehnte der letzte Versuch eines Exports des Oktoberfestes nach Westfalen...

Es ist merkwürdig: Da wird ein ständiges Gewese um Dieselautos, Innenstadtplaketten, Rußpartikel und bösen Feinstaub gemacht – aber am Rosenmontag knattern rund 200 Diesel-Traktoren im Schrittempo* durch die City und niemanden kümmert's. Bitte erzählt das nicht den Grünen, sonst wird der Umzug sofort verboten.

Zu Ostern pilgern die Münsteraner gerne zum Struwen-Essen in die Landgasthöfe der Umgebung. Die Hefepfannkuchen werden traditionell an Ostern gebraten, seit Münsters Bischof Erpho sie im Jahr 1090 offiziell auf den Klosterspeiseplan setzte. An sonstigen hohen Kirchenfeiertagen pilgern Gläubige auf dem Prozessi-

---

* Nein, das ist kein Tippfehler. Ich schreibe grundsätzlich keine drei Konsonanten hintereinander, weil es einfach bescheuert aussieht. Zur Hölle mit der Rechtschreibreform!

onsweg, der in Mauritz beginnt, zur „Mutter Chottes"
nach Telgte. In der sehenswerten Gnadenkapelle liegt ein
Auftragsbuch aus, in das man Wünsche an die heilige
Maria eintragen kann. Manche Wünsche sind erstaunlich
profan, zum Beispiel Beistand bei Examen.

Als Dank für ausgeführte Bestellungen spenden die
Gläubigen der „Mutter Chottes" Edelmetall, Familien-
schmuck und Silberbesteck, das zuweilen in die Form
geheilter Körperteile umgeschmolzen wird. Dass man
seine Wertgegenstände auch außerhalb der Öffnungszei-
ten durch einen Einwurfschlitz abgeben kann, zeugt von
einer vorbildlichen Kunden- und Service-Orientiertheit
der Gottesmutter.

Mit dem Lambertusfest besitzt Münster schließlich seit
1780 ein originäres Event. Das Laternenfest für Kinder,
dessen Ursprung unklar ist, wird jährlich Ende Septem-
ber begangen. Fester Bestandteil der Folklore ist der
„Bur", dem ein plattdeutsches Lied gewidmet wird („Oh
Bur, watt kost' din Hei?"). Während die Kinder um die
Lichterpyramide ziehen, machen sich die Erwachsenen
schon mal ein Bier auf…

Aber auch an den Tagen, an denen ausnahmsweise keine
öffentliche Veranstaltung herhält, findet sich immer ein
Grund, eine Pulle zu öffnen.

Katholizismus

Früher sagte man, die Münsterländer seien so schwarz – also katholisch – dass „beim Niesen Ruß rauskommt". Die Kirche war allgegenwärtig und einflussreich. Mitte der Sechziger warnte der Bischof die Münsteraner öffentlich davor, SPD zu wählen, weil die Sozialdemokratie das Seelenheil gefährde. Zehn Jahre später erklärte mir mein Religionslehrer (Pfarrer von Heilig Kreuz) in der dritten Grundschulklasse, dass „Evangelen unsichtbare Teufels-hörner" tragen würden. (Wir Grundschüler diskutierten die These auf dem Schulhof und kamen überein, dass dies doch einigermaßen unwahrscheinlich wäre, aber eine Restmöglichkeit nicht ganz auszuschließen sei.)

Das ist längst Geschichte und die Kirche versucht den Spagat zwischen Tradition und Zeitgeist. Keine leichte Übung, denn der gesellschaftliche Trend zur völligen Individualisierung macht auch vor der Spiritualität nicht halt: Ein bißchen Jesus, ein bißchen Buddha, etwas Neo-paganismus und noch irgendwas mit Ufos – jeder bastelt sich sein eigenes Evangelium. Da ist die Kirche kein Monopolist mehr, sondern nur noch ein Serviceanbieter. Selbst in Münster. Und wenn Geistliche auch noch anfan-gen, auf JuSo-Niveau zu politisieren, ist es ganz aus.

Doch dann kam der Katholikentag 2018! Der Katholiken-tag ist das „Wacken" der Papstanhänger. Der vierte Ka-tholikentag in Münsters Geschichte hat auch atheistische und selbst evangelische Münsteraner begeistert. Warum? Man stelle sich vor: Es kommen 100.000 Besucher in die

Ein Festival der guten Laune: Der Katholikentag.

Stadt – und es gibt keinen Müll, keine Scherben, keine Graffiti, keine Wildpinkler und keine Randale! Stattdessen nur freundliche und leicht entrückt selige Gesichter. Großartig! Irgendwas muss dran sein an dem spirituellen Glücks-Kick der Muttergottes.

Die schönsten Beobachtungen des Katholikentages waren fünf französische Ordensschwestern mit riesigen weißen Hauben, die kichernd und giggelnd auf einem Mäuerchen saßen und Pizza aus dem Karton aßen. Außerdem eine Traube afrikanischer Nonnen in farbenfroh-folkloristischen Kleidern, die sich zu einer Spontan-Segnung um den Kinderwagen einer leicht irritierten jungen Mutter drängten.

Eine faszinierende Show bot die große Messe vor der barocken Schloss-Kulisse: Der Altar war zunächst nur ein profaner Holztisch, der erst durch eine komplizierte Zeremonie zum heiligen Altar geweiht werden musste. Dazu umkreiste Münsters Bischof mit zwei Gehilfen, die zusammen eine akkurate Dreiecksformation bildeten, dreimal den Tisch und schwenkte dabei unablässig einen riesigen Weihrauch-Eimer. Der unglückliche Assistent, der schräg rechts hinter dem Bischof lief, war dabei permanent der Intensiv-Inhalation der Weihrauch-Wolke ausgesetzt, sodass er bedenklich zu schwanken begann – aber tapfer und tadellos durchhielt. Als die Zeremonie geglückt war, hatte sich der Tisch in einen Altar verwandelt – wundersames Westfälisches Voodoo!

Besondere Achtung verdienen zudem die hunderten von freiwilligen jungen Helfer-Girls, die eine perfekt reibungslose Logistik-Maschinerie bildeten. Würden diese Mädels ihn bauen – der Flughafen BER wäre längst fertig!

Von Münster – genauer gesagt: vom Pfarrheim Heilig Kreuz an der Maximilianstraße – ging Anfang 2019 das Motto „Maria 2.0" um die Welt, selbst in New York gründete sich eine analoge Frauen-Initiative.

Frauen haben in der katholischen Kirche traditionell keinen Zugang zu Ämtern, es gibt weder Pfarrerinnen noch eine Päpstin. Die Frauen von Heilig Kreuz fanden das ungerecht und wollten dagegen protestieren. Die weltweite Medienaufmerksamkeit überraschte sie selbst, doch als bodenständige Münsteranerinnen blieben sie bescheiden und gelassen. Nur die Kirche wird sich wohl bald zwischen Tradition und Zeitgeist entscheiden müssen.

Gastronomie

Münsters Gastronomie ist legendär: Über 150 „Altbierküchen" soll es noch um 1900 gegeben haben. Die Herdfeuer-Gemütlichkeit im Ambiente von Delfter Kacheln und dunklem Eichenholz zählt bis heute zum Grundinventar der Münsteraner Folklore.

Zentrale dieser „Westfalen-Hygge" ist „Pinkus Müller" am Rosenplatz. Hier feierte in den 50er Jahren der „Ziegenbaron", ein münstersches Original, seinen hundertsten Geburtstag; hier wird eines der ersten deutschen „Öko-Biere" gebraut; hier wird der Weißkohl für den Krautsalat noch von Hand gehobelt. Termine für Weihnachtsfeiern sind ab Mai ausgebucht.

Daneben gibt es aber eine ganze Reihe weiterer Traditionskneipen wie den „Nordstern" oder das „Alte Gasthaus Leve". Allerdings sind auch viele altbekannte Namen verschwunden, z.B. der „Schinderhannes" oder der „Deutsche Hammer". Allerdings nicht aus wirtschaftlichen Gründen, sondern wegen fehlender Nachfolger.

Dennoch: Die traditionelle Eckkneipe, in der der Wirt mit Lederschürze meditativ ein 7-Minuten-Pils zapft und jeden seiner Knobelbrüder persönlich kennt, ist ein Dinosaurier kurz nach dem Asteroideneinschlag.

Der Todesstoß für viele dieser Stadtviertel-Institutionen war das bevormundende Rauchverbot. Was für ein paternalistischer Irrsinn: Wir sollen nicht Rauchen, damit wir ohne Gesundheitsgefährdung Alkohol trinken und fetten Schweinebraten essen können... Die Wirte,

Bei Pinkus hängt der Himmel voller Bierkrüge.

die viel Geld in aufwändige Umbauten für abgetrennte Raucherbereiche investiert hatten, waren die Dummen. Seitdem reißen die Beschwerden über Geräuschemissionen von Rauchertrauben vor den Kneipentüren nicht ab. Der Rockclub Metro erteilte Grünen-Politikern übrigens dauerhaftes Hausverbot.

Noch so eine Plage sind Lehrer und ähnliches „Gschwerl" wie der Bayer sagt, die erst über oder neben eine Kneipe ziehen und sich dann über den Lärm aus derselben beschweren. Wie gesagt – in den Wiedertäufer-Käfigen wäre noch viel Platz…

Ein erfreulicher Trend ist, dass – gerade auch junge – Gastronomen die „gutbürgerliche Küche" wiederentdecken, an der in früheren Dekaden mit Tütensoßen, Kochbeutel-Knödeln und anderen schlimmen Dingen übel gesündigt wurde. Die Heimatküche 2.0 serviert Sonntagsklassiker wie Rouladen & Co. wieder aus regionalen Zutaten und handwerklicher Zubereitung.

Als 1973 die erste Pizzeria an der Studtstraße eröffnete, kreisten ältere Münsteraner noch misstrauisch um die ungewohnte „Mafia-Torte". Heute gibt es keinen Hype, dessen Ausläufer nicht bis Münster reichen würden, von Food-Trucks bis Poké Bowls. Ein echter Pionier des Streetfood-Trends ist die Hotdog-Schmiede Morthorst, die schon vor über 20 Jahren eine Premium-HighEnd-Version des Fastfood-Snacks in Münster etablierte.

Auch im Segment der gehobenen bis luxuriösen Restaurants und Bars muss sich Münster nicht schamhaft verstecken. Mit Marie Rausch hat die Domstadt sogar eine international hochdekorierte Cocktail-Mixologin vorzuweisen.

Ein Trauerspiel ist dagegen die Kaffeehaus-Kultur, die mit den altehrwürdigen Torten-Tempeln Schucan, Kleimann und Grotemeyer gleich drei Hochstifte der Café-Tradition eingebüßt hat. Passé die Zeiten, in denen standesbewusste Kellnerinnen mit Rüschenschürzen über dicke Teppiche geräuschlos heranschwebten und Stachelbeertorte servierten. Dafür hat mit jungen Privatröstereien eine neue Café-Generation Einzug gehalten, die auf Wohnzimmer-Ambiente und hochwertige Genüsse setzt und das mit verdientem Erfolg.

Ähnlich ist es auch mit den Kneipen. Es stimmt nämlich nicht, dass ein großes „Kneipensterben" Münsters Kehlen austrocknet, wie es die Lokalpresse dramatisierte. Die Kneipen sind nicht tot, es sind jetzt nur andere... Davon abgesehen wird in einigen Jahren die heutige Hipster-Gastronomie selbst zu den Traditionskneipen zählen. In einer Bilderreihe des Zeichners „Fil" hängt über der Tür eines Szeneclubs das Schild „Zur alten Location" – so werden zukünftig die Vintage-Gaststätten von morgen heißen.

Skulptur.Projekte I

Die Skulptur.Projekte sind ein Event der Superlative. Rund eine halbe Million Besucher aus aller Welt kommen während der Freiluft-Ausstellung nach Münster und die Münsteraner schweben im Glück, wenn Besucher und Medien die Stadt an der Aa in den kunstgeschichtlichen Rang von New York erheben. Die Zeitungen sind voll des Lobes für die Münsteraner, weil diese so weltmännisch souverän mit den Provokationen moderner Kunst umzugehen verstehen. Doch das war nicht immer so…

Die Geschichte der Skulpturenausstellung erzählt eine ganz andere Story. Und die beginnt im Jahr 1973: Bis dahin stand das Wort „Skulptur" in Münster für Marienstatuen und Kriegerdenkmäler. Weil sich aber schon viele andere Städte abstrakte Gebilde in ihre Fußgängerzonen gestellt hatten, um moderne Urbanität zu verströmen, wollten Münsters Lokalpolitiker auch so etwas haben.

Eine städtische Kommission kaufte in Berlin die Plastik „Drei rotierende Quadrate" des US-Künstlers George Rickey, die an der Engelenschanze aufgestellt wurde. Wenn es das Wort „Shitstorm" damals schon gegeben hätte, es wäre noch zu milde gewesen für den blanken Hass, der der Plastik entgegenschlug!

Mit Blick auf die Kommunalwahlen bekamen es die Rathaus-Politiker mit der Angst und wälzten die „Schuld" schnell auf den Bankier Ludwig Poullain ab, der offiziell als Käufer der Quadrate auftrat, wofür ihm auf offener Straße Schläge angedroht wurden.

Währenddessen beömmelte sich die bundesweite Presse genüsslich über die Posse – ein Imageschaden drohte. In ihrer Ratlosigkeit überlegten die Ratsherren, was zu tun sei. Ein smarter junger Kerl namens Klaus Bussmann, der spätere Direktor des LWL Museums für Kunst und Kultur, hatte die rettende Idee: Um den aufgebrachten Münsteranern zu zeigen, dass moderne Kunst gar nicht so schlimm ist und sie langsam daran zu gewöhnen, solle man eine große internationale Skulpturenschau in der ganzen Stadt organisieren. Genial! Gesagt – getan! Schon rollten Tieflader mit bizarren Objekten in die Stadt. Doch nun liefen sich Münsters Wutbürger erst richtig warm! Der Siedepunkt war erreicht, als 200 Personen nachts versuchten, die „Giant Pool Balls" von Claas Oldenburg in den Aasee zu rollen und in den Fluten zu versenken.

Auch bei der Folgeausstellung 1987 blieb die Stimmung eisig, zumal einige Künstler meinten, die verstockten Münsteraner mit besonders schwer verdaulichen Kunstprovokationen „bestrafen" zu müssen. Künstler und Bürger standen sich mit tiefer gegenseitiger Verachtung gegenüber.

Erst 1997 taute das Eis – Münster genoss einen fröhlichen Sommer mit internationalen Gästen und sonnte sich im positiven Medienecho. Die Konflikte der ersten beiden Ausstellungen waren auf wundersame Weise vom Winde verweht. Seitdem sind die Münsteraner stolz wie Oskar auf „ihr" Kunstereignis und sehen mit westfälischer Gelassenheit über besonders schrille Installationen hinweg.

1973 das meist gehasste Objekt der Stadt!

Skulptur.Projekte II

Die Skulptur.Projekte sind (trotz der albernen Schreibweise) das beste Pferd im Stadtmarketing-Stall. Dass es nur alle zehn Jahre 'rausgelassen wird, steigert noch die gespannte Vorfreude. Dann ist es wieder soweit: Der New Yorker, der erste wackelige Radfahr-Versuche unternimmt, der Tokioter, der mit großem Fragezeichen über dem Kopf den Stadtplan falschrum hält – alle wollen die Skulpturen sehen!

2017 war der Unterwassersteg quer durch das Hafenbecken die Attraktion Nr. 1! An 100 Tagen standen die Besucher Schlange, um mit hochgekrempelten Hosen scheinbar übers Wasser zu wandeln – ein Spaß für die ganze Familie.

Dabei hatte die Künstlerin bei der letzten Ausstellung zehn Jahre zuvor noch den Volkszorn auf sich gezogen, weil sie – sehr zum Verdruss gläubiger Katholiken – eine Marienstatue mittels Helikopter über den Dom schweben lassen wollte. Im Juni 2017 war aller Ärger vergessen – vielleicht auch ein Vorteil des langen 10-Jahres-Intervalls...

Die enge Bindung der Münsteraner an die Skulpturenschau zeigte sich nach dem Ende der letzten Exhibition: Als der improvisierte Brunnen der New Yorker Künstlerin Nicole Eisenman wieder abgebaut wurde, gründete sich spontan eine breite Bürgerinitiative, um das Werk mit privaten Mitteln anzukaufen. Einzelpersonen, Haushalte, Gastronomiebetriebe und Unternehmen ließen Spenden sprudeln.

Besonders auffällig war 2017 das stark unterschiedliche Medienecho der Münsteraner Skulptur.Projekte im Vergleich zur zeitgleich in Kassel stattfindenden Documenta, die in der Kunstwelt einen noch bedeutenderen Rang besitzt. Die Kritiken waren für die Kasseler vernichtend und der Wettbewerb ein haushoher Punktsieg für Münster.

Die Gründe liegen auf der Hand: Erstens hat Münster die schönere Kulisse. Aber zweitens: Hier Kunst zum Anfassen und Mitmachen, die einfach Freude machte. Dort volkserzieherische Zeigefinger-Kunst mit Mahnmal-Charakter und negativer Ausstrahlung – wer mag das schon? In diesem Sinne: Weiter so, Münster!

Bleibt als einziger Kritikpunkt der exklusive Vorbehalt für eine kleine Elite der internationalen Kunstszene, die regionale Künstler von der Teilnahme ausschließt. Nun darf zwar auch nicht jede Feierabend-Fußballmannschaft beim WM-Finale mitspielen, aber eine integrierte lokale Kunstschau im Rahmen der Skulptur.Projekte wäre wünschenswert.

Bei der ersten Skulptur.Projekte 1977 organisierten westfälische Kunsthandwerker im Schlossgarten konfrontativ eine „Gegenausstellung". 2017 fanden einige Lokalkünstler eine subversivere Form, sich in den erlauchten Kunst-Kreis einzuschleichen und stellten ihre Werke einfach ohne offizielle Erlaubnis dazu, was den auswärtigen Besuchern gar nicht auffiel: Auch die ungebetenen Guerilla-Plastiken wurden von Amerikanern und Asiaten fleißig fotografiert. So ist schließlich allen gedient…

Der SC Preußen Münster 1906

1906 gründeten Münsteraner Schüler einen Fußballverein und nannten ihn Preußen Münster, weil Westfalen zum Land Preußen gehörte. Das erste Auswärtsspiel bestritt der Verein gegen den VfL Osnabrück – die Preußen gewannen! Das war der Beginn einer seit über hundert Jahren bis heute anhaltenden herzlichen gegenseitigen Abneigung.

Nach dem Zweiten Weltkrieg bekam der Verein mächtig Schub durch den Kauf einiger Talente, des „Hunderttausend-Mark-Sturms". Der SCP nahm am ersten Spiel der Bundesliga teil! Dann begann ein langer Abstieg…

Trotz Talfahrt in die 3. Liga gelang dem Club eine unkaputtbare Bindung an die Herzen der Münsteraner. Der Preußenadler ist eine Marke mit hohem Sympathiewert. Jedoch: Der schwärzeste Moment in der Vereinsgeschichte war keine Haushoch-Niederlage, kein Abstieg und kein verschenkter Elfmeter, sondern – das Huhn! Anfang der 1990er fanden Marketing-Experten, der Preußenadler wirke zu aggressiv und müsse familienfreundlicher werden. Werbegrafiker entschärften das Wappentier und heraus kam: ein rundliches Huhn mit doofem Gesichtsausdruck. Es konnte auch eine Taube sein, aber es war jedenfalls kein Adler mehr. Die Fans der Erzrivalen lachten sich schlapp über die verschlimmbesserte SCP-Ikone und die Preußen schämten sich still dafür. Erst 2004 bekam der Verein wieder einen Adler, der auch wie einer aussieht.

Wenigstens sieht der Adler nicht mehr wie ein Huhn aus.

Die ebenso kuriose wie komplexe Stadion-Geschichte ist nicht leicht zu entwirren: Das Preußenstadion an der Hammer Straße ist eine Ruine. Im Rathaus stand man stets auf dem Standpunkt „Nicht unser Problem". Ein Privatinvestor bot ein neues Stadion an, jedoch gekoppelt an einen Einkaufspark, was die Kaufleute der Innenstadt verhinderten. Das war in den Neunzigern, seitdem tat sich nichts. Hin und wieder phantasierten Planer von neuen Stadion-Standorten, die allesamt in Vergessenheit gerieten.

Entnervt von der städtischen Blockadehaltung verkündete der Verein 2018 seinen Umzug nach Bösensell. Doch die Bösenseller wollten die Preußen nicht haben! Noch schlimmer: Die irritierten Münsteraner Fans kündigten dem SCP die Treue! Darauf knickte die Stadt ein und erklärte sich endlich zu einer Sanierung der Bröckel-Terrassen an der Hammer Straße bereit. Warum nicht gleich?

Ob das über zwanzigjährige Drama damit tatsächlich ein gutes Ende findet? Und vor allem: Ob die Preußen mit einem neuen Stadion wirklich plötzlich erfolgreicher spielen und wieder aufsteigen? …

Sport in Münster

Vor die sportlichen Leitungen des SC Preußen Münster zieht man besser den gnädigen Schleier des Vergessens oder schwelgt nostalgisch in Erinnerungen an vergangene gloriose Tage. Dennoch ist Münster eine Metropole des internationalen Sports. Das liegt vor allem daran, dass Pferde in Westfalen als gewöhnliche Haustiere gelten, wie Goldfische oder Meerschweinchen. Darum ist das Münsterland Heimat mehrerer zwei- und vierbeiniger Olympiasieger.

Konkurrenz bekommt das Pferd durch das Stahlross – dem Fahrrad. Sobald Kinder in Münster laufen können, also etwa mit einem Jahr, werden sie auf ihr erstes Fahrrad gesetzt. Echte Münsteraner bewältigen ganze Umzüge mit dem Fahrrad. Vielleicht erregt der Münsterland-Giro daher relativ wenig Aufmerksamkeit, die Leute halten es einfach für völlig normal, im Pulk auf dem Rad durch die Infrastruktur zu rasen.

Eine größere Welle schiebt der Münster-Marathon, der regelmäßig an die Spitze der beliebtesten City-Läufe Deutschlands gewählt wird. Das liegt natürlich an der idyllischen Route und dem frenetischen Samba-Getrommel der sonst so reservierten Münsteraner. Aber ehrlich: Warum die Teilnehmer 42 Kilometer zu Fuß auf sich nehmen, statt mit dem Rad zu fahren, ist mir ein Rätsel!

Ein echt Münsterscher Kultsport ist Speckbrett. Bei dieser Tennis-Variante wird der Ball statt mit gewöhnlichen Tennisschlägern mittels rustikaler Holzbretter übers Netz

Das Rollator-Racing-Team gibt Vollgas!

gepfeffert, was natürlich viel eleganter wirkt. Der lokale Fachhandel hält Speckbretter für alle Ansprüche bereit. Auf den ausgewiesenen städtischen Speckbrettplätzen mit Tennisschlägern aufzukreuzen, wird sehr ungern gesehen und provoziert zuverlässig abfällige Kommentare. In Nienberge-Häger werden sogar Begegnungen im Spaten-Tennis ausgetragen.

Dass dort unter Landwirten auch Trecker-Polo gespielt wird, ist wohl eine Relotiusiade. Trotzdem ist Münster eine Polo-Hochburg: Beim jährlichen Polo-Picknick pilgern Familien, Studi-WGs und „ganz normale Leute" zum Hugerlandshof, um auf Strohballen sitzend ihr mitgebrachtes Picknick zu verzehren und zuzusehen, wie sich hochkarätige Teams aus Europa und Argentinien abrackern. Dieses nicht-elitäre „Volks-Poloturnier" ist das schönste im ganzen Land!

Münsters Kanal ist ein Zentrum des Breitensports, vor allem für Schwimmer und Brückenspringer, was beinahe jährlich Todesopfer fordert. Ganzjährig sind neben Rudern auch Stand-Up-Paddeln und Dauersitzen mit Stockfesthalten (auch als „Angeln" bekannt) beliebt.

Roller-Derby, Jugger-Turniere (googelt selbst) und die Frisbee-Europameisterschaft im Nordpark ziehen begeisterte Zuschauer an, ebenso wie die „Weltmeisterschaft" im Diäsch, dem modernen Münsteraner Tischtennis, das ohne Schläger auskommt und bei dem der Sprung auf die Platte nicht nur erlaubt, sondern vorgeschrieben ist.

Ein Sport für Besserverdiener ist die Mitgliedschaft im Mittelalter-Fightclub „Eiserne Löwen". Die Teilnehmer des „Historical Medieval Battle" treten auf internationalen Buhurts in der Disziplin „21 gegen 21" zu einer Vollkontakt-Schlacht im Kettenhemd an. In einer Mischung aus Eishockey, Rugby und Massenschlägerei kloppen sie sich Schwerter und Morgensterne sportlich auf die Glocke. Was das Vergnügen so teuer macht, ist die handgeschmiedete Rüstung im Wert eines Mittelklasseautos.

Wie man sieht, wird Sport in Münster großgeschrieben, Sport ist schließlich die gesündeste Möglichkeit, schwer zu verunglücken. Doch auch als Zuschauer kann man Freude am Sport genießen – zum Beispiel bei den flotten Sportstudentinnen an Münsters Uni.

Was Andere über Münster sagen:

Pumpernickel und Altbier sorgen für eine hervorragende Verdauung, wie man an den Exkrementen hinter Büschen und Hecken sehen kann.

Ein Arzt im 17. Jahrhundert

Münster vor Gericht

Als Schüler besuchte ich in den Ferien vormittags gerne öffentliche Gerichtsverhandlungen. Dabei lernte man allerhand Interessantes über Rechtsfragen und bekam vor allem eine Großpackung an sozialem Anschauungsmaterial. Meistens ging es in den Prozessen um Kleinigkeiten, einmal aber auch um Kapitalverbrechen.

Falls jemand heute noch dieser – zugegeben obskuren – Freizeitbeschäftigung nachgeht, ist für Premium-Unterhaltung gesorgt, denn Münster wird immer wieder zum Schauplatz skurriler Gerichtsverfahren. Hier ein heiteres Potpourri der letzten Zeit…

Top 3: Ein Professor der Uni Münster hatte eine geniale Masche entdeckt: Er genehmigte sich selbst Vorträge als Referent im Ausland und rechnete die fiktiven Reisekosten zu seinen angeblichen Vorträgen in ganz Europa ab – rund zweihundert Mal! Um den Gewinn zu erhöhen, gab er jeweils seinen Schwiegervater und seinen Doktorvater als Begleitung an, für die er ebenfalls Spesen kassierte. Dabei kamen ca. 100.000 Euro zusammen. Die Sache flog auf, als er beim Flanieren in Münster gesehen wurde, obwohl er eigentlich bei einem Vortrag in London sein sollte.

Top 2: Ein Messi vermüllt den Garten seines Hauses, es stinkt, Ratten tummeln sich. Der Messi ist bekannt, hat mehrfach Baukräne und das Dach des Doms besetzt. Die Stadt schreitet ein und entfernt wegen Gesundheitsgefährdung 20 Kubikmeter Abfall aus dem Garten.

400 Hells Angels kamen als „Prozessbeobachter".

Nach kurzem Psychiatrie-Intermezzo beginnt das Spiel von neuem. Diesmal bleibt die Verwaltung ein Jahr (!) untätig, obwohl der Messi seine Nachbarn aggressiv bedroht. Die Stadt beruft sich auf rechtlich gebundene Hände. Erst nach etlichen Medienberichten kommt es zur erneuten gerichtlichen Anordnung von Einweisung und Entmüllung.

Top 1: Ein Professor der Uni Münster hatte Streit mit einem Bauunternehmer und suchte die Hilfe krimineller albanischer Schläger. Die erfuhren aber, dass der Professor ein Pharmaziegeschäft mit einem Münsteraner Apotheker plante und erpressten nun ihrerseits den Apotheker, der angeblich 200.000 Euro zahlte, nachdem die Gangster mit einer Motorsäge als Argument nachgeholfen hatten. Vor Gericht beschuldigten sich Professor, Apotheker und Albaner gegenseitig, Geld unterschlagen zu haben. „Justice-tainment" auf höchstem Niveau!

Dann waren da noch:

- der Prozess um das illegale Tierversuchslabor, das im Keller der Uni ausgehoben wurde,

- der Mordprozess um einen erschossenen Rocker mit 400 Hells Angels als Beobachtern,

- die Verurteilung eines Landwirtes zu 50 Euro Geldstrafe, weil er mit seinem Traktor eine Maus überfahren hatte (kein Scherz) und viele weitere Glanzlichter der Rechtspflege.

Dass Münster bei aller Urbanisierung immer noch stark agrarisch geprägt ist, bestätigte ein Münsteraner Ehepaar, das mit dem Ansinnen scheiterte, seine Tochter „Traktora" zu nennen. Die Standesbeamten lehnten den rustikalen Namensantrag ab.

Darüber hinaus überrascht Münsters Oberverwaltungsgericht immer wieder mit originellen Urteilen: Ob Nicht-Abschiebung eines Terroristen, kommunale Schikanen gegen die AfD, Hafencenter-Aus oder Hambacher Forst – die Entscheidungen der Richter vom Aegidiikirchplatz sorgen oft bundesweit für Irritation. Dabei ist aber zu bedenken, dass die Verwaltungsjuristen nicht über die pragmatische Abwägung von Rechtsgütern urteilen, sondern über ein buchstaben- und paragraphengetreues Verfahren. Der vielfach kuriose Ausgang ist also eher darin begründet, dass die zur Entscheidung stehenden Anträge rechtlich nicht „wasserdicht" formuliert waren.

Was Andere über Münster sagen:

In Münster studierte ich mit gefälschten Zeugnissen Theologie. Das war eine schöne Zeit.

Hochstaplerkönig Gerd Postel

KAPITEL 4: Leute

Westfalen: A Country fit for Heroes!

Die westfälische Mentalität

Im „Umzugs-Ratgeber" eines Immobilienportals heißt es: „Wer einen Umzug nach Westfalen plant, sollte sich auf die Menschen in Westfalen vorbereiten. Die westfälische Direktheit stößt Rheinländer und Süddeutsche eher ab. Dabei will der Westfale nicht unhöflich sein. Er möchte seine Zeit einfach nicht mit Gerede verschwenden."

Das stimmt, der Westfale ist an sich nicht reserviert, sondern bloß unaufdringlich. Aber das gibt die westfälische Mentalität unvollständig wieder. Besser wird sie durch einige Erlebnisse und Zitate illustriert…

Die Lokalzeitung lud ihre Leser zur Rätsel-Rallye ein, u.a. wurde nach der Zahl der Geländersprossen einer Kanal-brücke gefragt. Ich kam zufällig vorbei, als ein älterer Gewinnjäger auf der Brücke mit einem Stift beim Zählen in die Luft tippte, um das Ergebnis auf einen Zettel zu schreiben. Aus Spaß fragte ich: Wie viele sind's denn?". Er dreht sich um, verdeckte den Zettel mit seiner Hand, trat einen Schritt zurück und antwortete zutiefst misstrau-isch: „Genug!". Er fürchtete offenbar, ich könnte seine Lösung abgucken und womöglich ohne eigene Mühe den Gewinn abstauben.

Wunderbar ist auch die wahre Geschichte einer gescheiterten telefonischen Reservierung in einer rustikalen Gaststätte am Max-Klemens-Kanal:

„Guten Tag, ich möchte gerne einen Tisch reservieren."
– „Nä." – „Wir möchten aber mit mehreren Personen zu Ihnen kommen." – „Das is' mir gar nich' Recht."
– „Wie bitte?" – „Das is' mir viel zu rummelig!"

Der Legende nach spazierte der liebe Gott, nachdem er das Westfalenland erschaffen hatte, so durch die Gegend und fand es ganz passabel gelungen. Nur Bewohner fehlten irgendwie noch. Also kickte er vor einen Erdklumpen, der auf dem Weg lag und sprach: „Werde ein Mensch!". Und aus dem Erdklumpen wuchs ein grober Riesenkerl und pampte den lieben Gott an: „Watt trittst du mich?! Und jetzt runter von min Land!".

Der Historiker Hermann Eickhoff bemerkte 1902: „Für den Juristen ist Westfalen ein ergiebiges Feld. Die Lust an der Verfechtung einer einmal als recht und gut erkannten Sache treibt sie zum äußersten Widerstande, die Unversöhnlichkeit und egoistische Rechthaberei ist oft genug Ursache vieler unerquicklicher Zwiste." Es stimmt, dass Westfalen besonders viele Juristen hervorbringt.

Die Volkskundlerin Martha Bringemeier schrieb 1937: „Das Distanzgefühl nach oben hin scheint dem Westfalen zu fehlen. Kaiser und Fürsten werden empfunden, als seien sie in ihrem Reiche das, was der Bauer auf dem Hofe ist. Jeder kleine Kötter fühlt sich wie ein Herrscher." Stimmt, fahren Sie mal mit dem Pkw auf einen fremden Bauernhof… Ausgerechnet der zynische Polemiker Heinrich Heine war förmlich verknallt in die Westfalen, er nannte sie „sentimentale Eichen". Man sagt, das habe an seinem westfälischen Kindermädchen gelegen, dem einzigen Menschen, dem er je wirklich zugeneigt war.

Und was sagt nun der Westfale zu all diesen Kommentaren? Natürlich nach einer Weile des Schweigens: „Dann hör ich's ja wohl."

Paohlbürger

Wie ein bekannter Münsteraner Karnevals-Aktivist und früherer Prokurist eines großen Betonunternehmens Ende der 1990er dem Stadtmagazin Ultimo im Interview verriet, hatte er nach dem Krieg folgende Idee: Er gründete einen neuen Karnevalsverein, dessen Mitgliedsbeitrag absichtlich sehr hoch war, um den Kreis exklusiv zu halten. Gängige Praxis, so behauptete der Vereinsgründer, sei dabei gewesen: „Wenn ich zum Chef ging und sagte, ,Ein Baudezernent der Stadt will gerne Mitglied werden, kann sich aber die Aufnahmegebühr nicht leisten, dann zahlte das die Firma'." Und die hatte damit einen loyalen Freund in der Stadtverwaltung – sehr praktisch.

So wurden die Paohlbürger (Pfahlbürger = Stadtbewohner, die vor den Toren der Stadt hausten) vom bloßen Karnevalsclub zum politischen System. Die Lokalpolitik wurde nicht mehr im Ratsplenum gemacht, sondern in honorigen Zirkeln, zu denen Sozis keinen Zutritt hatten. Das funktionierte lange Zeit prächtig, denn die Paohlbürger waren Meister im Netzwerken.

Doch Ende der 1970er/Anfang der 80er bauten sich Münsters Linke eine alternative Stadtgesellschaft auf, von der Fahrradwerkstatt bis zur Anwaltskanzlei, vom Medienbetrieb bis zum Druckhaus. Als die konservativen Kreise aus ihrem Dämmerschlaf bräsiger Selbstzufriedenheit aufwachten, mussten sie feststellen, dass sich von ihnen losgelöst eine komplette Parallelstruktur etabliert hatte, in denen die altbekannten Familiennamen keine Rolle

Schade, dass es nicht Landoisplatz geworden ist!

mehr spielten und die längst großen Einfluss gewonnen hatte. Diese Schatten-Elite übernahm schließlich selbst die Rolle des Establishments – und die Paohlbürger schrumpften wieder zum gewöhnlichen Karnevalsverein.

Heute leben beide Welten in Koexistenz. Gewöhnlich gehen sie sich aus dem Weg – nur manchmal prallen sie zusammen, z.B. beim Bürgerentscheid über die umstrittene Umbenennung des Hindenburgplatzes. Dabei sieht man, wer heute das größere Rad dreht: Der Hindenburgplatz heißt jetzt Schlossplatz.

Historische Münster-Promis –
Wer war wer?

Abseits der allseits bekannten historischen Figuren wie Prof. Hermann Landois, dem „tollen Bomberg" und Carl „Pinkus" Müller gibt es eine ganze Reihe weiterer Originale, die Münster geprägt haben und teilweise mehr Erinnerung verdient hätten, u.a.:

– *Amalie von Gallitzin* (1748–1806) war nicht nur adelig, sondern auch gutaussehend, geistig aufgeweckt und vielfach musisch begabt. Sie veranstaltete Charity-Events zugunsten französischer Flüchtlinge, die vor dem Terror der Revolution geflohen waren. Außerdem unterhielt sie einen illustren Salon, in dem sie mit Intellektuellen, Gelehrten und Philosophen über Fragen der Zeit debattierte. Ihr bekanntester Gast war Goethe.

– *Annette von Droste-Hülshoff* (1797–1848) war oft kränklich, aber sehr geistreich. Ihr literarisches Talent kam erst spät zur Entfaltung, dafür aber mit Wucht: Ihre Balladen, Novellen und Lyrik wurden zu Klassikern. Ihr Werk changiert zwischen Romantik und Realismus. Mit giftigem Humor lästerte sie auch über ihre ungebildeten Neffen und Nichten auf dem Wasserschloss Haus Stapel. Die Droste zierte früher den 20-Mark-Schein, worauf die Münsteraner sehr stolz waren.

– *Friedrich Alexander Heimbürger* (1819–1909) erfand als Zauberkünstler etliche Tricks, die noch heute zum Standardrepertoire großer Illusionisten gehören. Unter dem

Künstlernamen „Herr Alexander" wurde er ein Superstar, der auf der ganzen Welt Triumphe feierte. Staatsoberhäupter standen Schlange für einen Privatauftritt. Dann kehrte er zurück nach Münster, stellte seinen Zauberstab in die Ecke und lebte zurückgezogen. Als er starb, war er fast völlig in Vergessenheit geraten.

– *Kurt Gerstein* (1905–1945) geriet als Katholik mehrfach mit der NSDAP aneinander. Dann fasste er einen dramatischen Plan: Er trat in die SS ein und versuchte als Einkäufer für Zyklon-B, das Vernichtungssystem zu sabotieren, indem er Bestellungen „vergaß" oder Lieferungen fehllaufen ließ. Sein Gedächtnisprotokoll einer Vergasung versuchte er, Botschaftern Schwedens und des Vatikans zu übergeben. Diese zeigten kein Interesse. Gerstein beging Selbstmord. Seine Tragödie wurde literarisch und filmisch verarbeitet.

– *Heinrich Austermann* (1909–1984) ist ein Säulenheiliger der Münsteraner CDU. Unbestreitbar hat er als Oberstadtdirektor nach dem Krieg viel für den Wiederaufbau geleistet. Allerdings hat er vorher als Jungjurist in der Stadtverwaltung die Enteignung jüdischen Grundeigentums gemanagt. Bis heute ignoriert man Austermanns dunkle Seite in Münster und stellt sich einfach blind und taub.

– *Jürgen Möllemann* (1945–2003) war ein bekannter FDP-Politiker und später Bundesbildungsminister, Bundeswirtschaftsminister und Vizekanzler und 1992 Gastgeber des G7-Weltwirtschaftsgipfels in Münster. Er verlor seine Ämter durch politische Affären. 2002 ließ er acht Millionen Flugblätter mit dezidiert antiisraelischem Inhalt an alle Haushalte in NRW verteilen. Er starb bei einem Fallschirmsprung, der mutmaßlich ein Suizid war.

– *Fiffi Gerritzen* (1927–2007) war ein Fußballer des „100.000-Mark-Sturms" des SC Preußen Münster, der in den 50er Jahren spektakuläre Tore schoss. Später war er kurzzeitig Nationalspieler. In seinem Atelierhaus an der Pleistermühle ging er auch künstlerischen Ambitionen nach. Für Preußenfans war Gerritzen eine lebende Ikone. Die Ostkurve des Preußenstadions heißt offiziell „Fiffi-Gerritzen-Kurve".

– *Ludwig Poullain* (1919–2015) brachte die Münsteraner gegen sich auf, weil er auf dem Gelände des alten Zoos an der Himmelreichallee die futuristische Zentrale der Westdeutschen Landesbank bauen ließ, deren Vorstandschef er war. Die NRW-Landesregierung demontierte ihn durch politische Intrigen. Poullain rächte sich mit einer ganzseitigen Klartext-Abrechnung mit inkompetenten Landespolitikern und Zocker-Banken in der FAZ.

Was Andere über Münster sagen:

In Münster wurde unheimlich viel geliebt und gesoffen.

Dieter Hildebrandt, Kabarettist und Schauspieler

Lebende Münster-Promis –
Wer ist wer?

Münster ist zu klein, um über eine schillernde Schickeria wie in München zu verfügen. Doch einige bekannte Persönlichkeiten und Originale tummeln sich durchaus in Münsters Mauern. Natürlich kennt jeder den Oberbürgermeister, den Bischof und Götz Alsmann, aber es gibt noch weitere Namen, die man in Münster häufig hört und liest...

– *Henning Stoffers* hat mit einer Postkarte vom Flohmarkt angefangen – inzwischen besitzt er wohl die größte private Sammlung historischer Münster-Fotos. Daraus hat er mehrere Bildbände extrahiert, die er mit großem Zuspruch auch als Live-Vortrag präsentiert. In seinem Archiv lagern neben Fotos auch Dokumente aus mehreren Jahrhunderten Stadtgeschichte.

– *Prof. Dr. Olaf Arlinghaus* hat es durch eigenen Ehrgeiz von der Hauptschule zum FH-Prof. für BWL gebracht und laut Studi-Voting sogar zu Münsters beliebtestem Hochschullehrer! Daneben ist er DJ Olaf Arling-in-da-house, wenn er auf der Uni-Disco „Night Of The Profs" bis zum Morgengrauen am Hawerkamp die Turntables rockt!

– *Bernadette Spinnen* ist Leiterin des Stadtmarketing und damit sozusagen die Lordsiegelbewahrerin von Münsters Image. Ihr größter Coup war die Einführung der „M-Marke", eines Signets, das auf den ersten Blick wie ein Batik-Motiv oder ein verlaufenes Aquarell aussieht. Wer genau hinschaut, erkennt Symbole für Verkehr, Wissenschaft und Freizeit in einem M wie Münster.

Henning Stoffers hütet das Gedächtnis der Stadt.

– *Siggi Spiegelburg* hat erreicht, wovon Millionen Geschlechtsgenossinnen träumen: Sie vermarktet als Selfmade-Unternehmerin erfolgreich ihre eigene exklusive Modelinie und ihr Porträt fehlt in keiner Ausgabe der Society-Postille „Top-Magazin". Damit erfüllt sie eindeutig die Kriterien für die Rubrik „Reiche & Schöne".

– *Rüdiger Sagel* war ganz früher mal bei den Grünen und sitzt schon ewig für Die Linke im Stadtrat. Er ist der Liebling der Lokalmedien – aber nicht aus politischer Affinität, sondern weil Sagel im Gegensatz zum langweiligen Lavieren der anderen Parteipolitiker immer wieder Klöpse raushaut, die zwar keine ernsthafte Perspektive, aber umso mehr Unterhaltungswert bieten.

– *Wolfgang Hölker* hat mit seinem Coppenrath-Verlag ein Phantasiereich und Kinderparadies geschaffen, in dem der Hase Felix, Prinzessin Lillifee und Käpt'n Sharky Millionen ranschaffen. Der erfolgreiche Unternehmer und Kulturförderer kleidet sich gerne im Stil seiner Kinderbücher.

– *Bernd Haunfelder* hat alle Bücher über Münster geschrieben, die je erschienen sind (außer diesem) – und wenn doch mal eines von einem anderen Autor stammt, gab es garantiert vorher schon eines von Haunfelder zum selben Thema. Haunfelder ist nicht nur lebendes Münster-Wikipedia, sondern auch meinungsstark und nicht konfliktscheu. Schade, dass er nicht in der Politik ist.

– *Harry Seemann* wird auch unter Sympathisanten als gelernter Arbeitsloser und professioneller Bezieher von Transferleistungen belächelt. Genau darum ist er optimal qualifiziert, den städtischen Haushalt durch ein Sparprogramm zu sanieren. Deshalb kandidiert er zu jeder Oberbürgermeisterwahl als parteiloser Einzelkandidat. Immerhin vereinigt er dabei regelmäßig einige hundert Stimmen auf sich und ist der einzige Bewerber, der seine Wahlplakate nach dem Wahlkampf wieder ordentlich entfernt.

– *Titus Dittmann* hat aus einem Garagen-Laden im Südviertel eine Weltfirma und seinen Vornamen zur Marke gemacht. Der Skate-Papst überlebte mehrere unternehmerische Turbulenzen und sogar einen Crash mit seinem Rennwagen. Vielleicht weil er durch viele caritative Aktionen immer wieder Karma-Punkte sammelt.

– *Steffi Stephan* war Gründungsmitglied von Udo Lindenbergs „Panikorchester" und Bassist bei Peter Maffay. Führt zudem seit ca. vierzig Jahren die Discothek und Konzerthalle „Jovel" und war Veranstalter des „Eurocityfestes". Hat das operative Geschäft an Marvin Lindenberg übergeben, den Sohn von Stephan und der Schwester von Udo Lindenberg.

– *Henning Wehland* schaffte es mit den H-Blockx zum Rockstar und Mädchenschwarm, landete schließlich bei den „Söhnen Mannheims" (obwohl er nachweislich ein Sohn Wolbecks ist) und ist aktuell das Werbegesicht einer Kampagne im Landwirtschaftlichen Wochenblatt zur Förderung der musikalischen Landjugend.

…und natürlich alle, die jetzt darüber erbost (oder froh?) sind, dass sie in dieser unvollständigen Aufzählung fehlen.

Musikexportstadt Münster

Münster ist aufgrund seiner kompakten Laborsituation ein ideales Sprungbrett für spätere Kultur-Karrieren. Bevor man in Köln, Hamburg oder Berlin ins kalte Wasser geschubst wird, bietet Münster eine beschützte Werkstatt. Hier probierten sich Mickie Krause, Oliver Kalkofe und Westbam aus, bevor sie ihr endgültiges Format fanden. Hier gründeten Udo Lindenberg und Steffi Stephan das Panikorchester und starteten ganz groß durch.

Von Münster aus machten die Gebrüder Engel, Törner Stier Crew, Äni (x) Väx, Sunny Domestozs, El Bosso & die Ping-Pongs, Dr. Ring Ding, die H-Blockx, Mr. Irish Bastard, die Donots und viele andere junge Talente überregional von sich Reden. Mal sehen, wer es als nächstes aus der Domstadt auf die großen Bühnen schafft.

In den Neunzigern zündete das kleine Konzertbüro Moskito Promotion aus dem Kreuzviertel sogar ein deutschlandweites Ska-Revival und holte legendäre Altstars wie Desmond Dekker, Laurel Aitken und die Skatalites aus dem Rentnerdasein wieder zurück in die Clubs.

Die Münsteraner Sängerin Ute Lemper fühlte sich – verständlicherweise – von schnöseligen deutschen Kritikern gedisst und wanderte deshalb nach New York aus. Dort disste sie allerdings in einem Interview die Amerikaner, die in den „Fly-over-States" leben und stellte diese schnöselig als rückständige Deppen dar, was in ihrem neuen Heimatland – verständlicherweise – sicher nicht überall gut ankam.

Wurde kein Rockstar – daher notgedrungen Autor.

Und natürlich gehört Götz Alsmann zum Münsteraner Inventar, der sich trotz seiner Popularität nie stromlinienförmig machen ließ. Zum Glück hat er sich seinen Humor bewahrt, der sehr gemein und gehässig sein und blitzschnell jeden treffen kann, der „Professor Bop" dumm kommt. Dafür bleibt er „unser Götz"!

In den Achtzigern leistete sich die Stadtverwaltung einen „Rockbeauftragten", der allerdings keinen großen Einfluss entfalten konnte. Heute bietet Münster dagegen mit Proberäumen, Auftrittsmöglichkeiten, Tonstudios und Agenturen eine gute Infrastruktur für den Start in den Starruhm. Hey ho, let's go!

Was Andere über Münster sagen:

I'd come back to Münster anytime!

Lemmy Kilmister, Motörhead

Polizei

Münster verfügt über außerordentlich starke Polizeikräfte. Das liegt am polizeilichen Fortbildungszentrum „Carl Severing" und der Deutschen Hochschule der Polizei, die in Münster angesiedelt sind. An der Polizei-Uni lernen junge Beamte heute noch die Grundsätze des legendären „Erfinders" der modernen Mordkommission und des Profiling, Ernst Gennat. Von „Bildungsstreik" und schrillen politischen Forderungen des AStA ist an dieser Uni nichts bekannt. Das originellste Exponat im Polizeimuseum der Akademie ist eine Sammlung historischer Schlagstöcke.

Diese wäre 1968 fast zum Einsatz gekommen: Der linke Psychologe Alexander Mitscherlich – ein Exponent der marxistischen „Frankfurter Schule" – hielt vor jungen Anwärtern des höheren Polizeidienstes einen Vortrag über die Proteste der „Halbstarken". Als den uniformierten Zuhörern dämmerte, dass Mitscherlich nicht mit den „Gammlern" abrechnete, sondern sympathisierte, eskalierte die gespannte Atmosphäre im Saal: Der Referent musste Hals über Kopf durch ein Fenster flüchten, um einer Abreibung zu entgehen…

In den achtziger Jahren war der Wohlstand auf dem Höchstwert und die Kriminalität auf dem Tiefpunkt. Die Beamten, die sich in den Polizeiwachen der Innenstadt langweilten, waren im Grunde verdeckte Arbeitslose. Das Einzige, was sie zu tun hatten, war freundlich nach links und rechts nickend über den Prinzipalmarkt zu schlendern. Sie waren froh, wenn ein paar pubertäre Punks den

Die Ipomex präsentiert die neuesten
Streifenwagen-Modelle.

ereignisarmen Alltag auflockerten. Von solchen Zeiten können die Kollegen, die sich heute in der Innenstadt mit Dealern, Messerstechern und Fußball-Hools herumplagen müssen, nur träumen.

Auf bürgerliche Skepsis stieß 1998 der Amtsantritt des ersten Polizeipräsidenten mit grünem Parteibuch, Hubert Wimber. Wimber schied 2015 wieder aus dem Polizeipräsidium und blieb hauptsächlich als Fürsprecher einer Cannabis-Legalisierung in Erinnerung. Bei militanten Linksextremisten fiel er in Ungnade, weil er gegen Extremismus von links ebenso konsequent vorging, wie gegen den von rechts. Sein Nachfolger trat ins Fettnäpfchen, als er sich mit mutmaßlichen Hisbollah-Anhängern im Präsidium fotografieren ließ, womit er nicht nur den deutlichen Unmut des Innenministers hervorrief.

Regelmäßig lockt die Polizei-Messe Ipomex Beamte in die Halle Münsterland, die hier die neuesten Innovationen am Markt bestaunen. Die uniformierten Besucher stehen dichtgedrängt um die neuesten Streifenwagenmodelle, fachsimpeln über die Blitzertechnik der letzten Generation oder schauen den Kampfsportvorführungen von Polizisten und verkleideten „Demonstranten" zu.

2018 musste ein Polizist bei einem Einsatz im Südviertel zum Selbstschutz auf einen aggressiven Messerstecher schießen. Das illustriert, dass Münster längst keine „Insel der Glückseligen" ist, als die es lange galt.

Kreuzviertel

Ein früherer Oberbürgermeister sagte bei der Eröffnung des jährlichen Kreuzviertelfestes: „Es gibt in Münster zwei Sorten Menschen – die, die im Kreuzviertel wohnen und die, die gerne im Kreuzviertel wohnen würden." Er hatte gut reden – er wohnt im Kreuzviertel.

Ich bin in den 1970ern dort aufgewachsen. Die Hinterhöfe und verwilderten großen Gärten der Jugendstil-Altbauten waren der perfekte Abenteuerspielplatz. Nach den Schularbeiten ging man raus, kam wieder, wenn die Straßenlaternen angingen und zwischendurch wusste kein Erwachsener, wo man war – paradiesisch.

Manche Klassenkameraden in der Grundschule hatten zuhause noch Kohleofen, ein Außenklo im Treppenhaus und kein Badezimmer. Das letzte unrenovierte Haus mit Toilette eine halbe Treppe tiefer befand sich bis 2009 in der Uppenbergstraße.

Schon im Dritten Reich beschwerten sich Parteibonzen, die nach Münster ins Kreuzviertel versetzt wurden, über den mangelnden Komfort der Wohnungen aus der Kaiserzeit und verlangten Quartiere mit Bad und Heizung.

In den riesigen Altbauwohnungen mit hohen Decken und Stuck lebten in den 70ern kinderreiche Familien, Kriegerwitwen und Studenten-WGs. Zehn Jahre später kauften die ehemaligen Studis als promovierte Akademiker ihre alten WG-Wohnungen und ließen sie sanieren. Heute sind die Hinterhöfe und verwunschenen Gärten längst „nachverdichtet".

Vom Hinterhof-Kiez zum Edelquartier: Das Kreuzviertel.

Vor einigen Jahren erschien in der Frankfurter Allgemeinen Sonntagszeitung eine ganzseitige Reportage über das Kreuzviertel, in dem Lobgesänge auf das ausgemachte „mediterrane Flair" angestimmt wurden … ähem, hüstel, nun ja.

Seitdem ist die SUV-Dichte im Kreuzviertel rapide gestiegen. Morgens bringt Mutti ihre Prinzessin mit dem Porsche Cayenne 300 Meter zur Kreuzschule und parkt in zweiter Reihe, um den Lillifee-Tornister bis in die Klasse zu tragen und der Lehrerin nochmals die Benimmregeln im Umgang mit dem hochbegabten Kind einzuschärfen.

Der Pfarrer der Gemeinde Heilig Kreuz warf 2019 entnervt das Handtuch und rechnete in einem veröffentlichten Kommentar herzhaft mit seinen „Hautevolee-Schäfchen" ab. Der Gottesmann betonte, er sei nicht ausschließlich dazu da, eine Fotokulisse für Trauungen mit gehobenem Ambiente zur Verfügung zu stellen und dabei noch Sonderwünsche zu erfüllen.

Das erwähne ich hier nur als Chronist, ich persönlich würde nie behaupten, dass im Kreuzviertel viele blasierte Schnösel wohnen…

KAPITEL 5: Social & Media

Münster-Medien

Münsters Medienlandschaft ist mehr Steppe als Biotop, aber mit einigen exotischen Ranken und bunten Blüten.

Platzhirsch sind die Westfälischen Nachrichten (WN) aus dem Aschendorff-Verlag, die früher ein klar konservatives Profil hatten. Für Sozis war die Alternative die Münstersche Zeitung (MZ). Da es in Münster weit weniger Sozis als Konservative gab, nannten sich die WN selbst breitbrüstig „die große Zeitung", woraus die Münsteraner schlossen, dass die MZ dann wohl „die kleine Zeitung" sein müsse, was deren Redakteure nicht gerne hörten.

Die MZ sorgte 2007 bundesweit für Schlagzeilen, als Verleger Lambert Lensing-Wolff die gesamte Redaktion von einem Tag zum anderen auf die Straße setzte und ihr ein „unterirdisches" Niveau bescheinigte. Die darauf einsetzende Protestwelle ließ die Abonnentenzahl drastisch abschmelzen. 2014 übernahm der Riese Aschendorff die Rest-MZ, die seitdem – dieser Eindruck hält sich hartnäckig unter Münsteraner Zeitungslesern – durch Geldtransfusionen künstlich am Leben erhalten wird, um Pressevielfalt zu simulieren.

Prägend für beide Blätter ist der typische Lokalzeitungs-Stil mit infantil-jovial-betulichem Duktus. Werden die Zigaretten teurer, heißt es garantiert: „Raucher müssen für blauen Dunst tiefer in die Tasche greifen"; beginnt die Freibadsaison, liest man mit Sicherheit: „Petrus lockt Wasserratten ins kühle Nass". Wird jemand

Was wär' die Welt bloß ohne Münster?

nachts auf Münsters Straßen halbtotgeschlagen, heißt es „Streithähne gerieten sich in die Haare".

Beide Zeitungen sind bekannt für sprachliche Auffahr-unfälle wie „Münsteraner sind Menschen aus Münster", „Klavier-Duo spielt Klavier" oder „Rolf S. arbeitet als Fahrradkurier. Münster: Fahrradkurier Rolf S. ist Fahr-radkurier". Die MZ schaffte es sogar, den Namen der Provinzial-Versicherung in einer einzigen Bildunterschrift dreimal falsch zu schreiben: „Porivizial", „Provozial" und „Provizial".

Doch von der dramatischen Erosion des Zeitungsmark-tes gänzlich unbeeindruckt, ist das Selbstbewusstsein der Münsteraner Redakteure robust wie eh und je. Der Planet Aschendorff kreist unbeirrt auf seiner Umlauf-bahn. Übertroffen wird das Standesbewusstsein nur von den Mitarbeitern des WDR-Landesstudios Münster. Wer Zutritt zu dem Sender an der Mondstraße hat, wähnt sich als Star-Journalist, der über dem Plebs schwebt. Dabei ist das Fernsehen längst so anachronistisch wie die Holz-Zei-tung.

Daneben tummeln sich zahlreiche lokale Print- und Onlinemedien, wie z.B. das „Top-Magazin", dessen Geschäftsmodellmodell darauf gründet, dass die Leser das exklusive Heft kaufen, um nachzusehen, ob ihr Bild auch drin ist („Prächtig amüsierte sich Generaldirektor Heinrich Haffenloher im Kreise seiner Freunde.")*. Eine

---

* Na, aus welcher Serie stammt dieses Zitat? Unter den ersten drei richtigen Einsendungen verlosen wir ein Buch!

bemerkenswerte Langlebigkeit beweisen die alternativen Stadtmagazine Ultimo und „na dann...", die seit rund 40 (in Worten: vierzig!) Jahren existieren und bundesweit die letzten ihrer Spezies sind (außer dem Berliner „Zitty").

Eine Sonderstellung nimmt der Landwirtschaftsverlag in Münster-Hiltrup ein, der nicht nur das hochinformative Landwirtschaftliche Wochenblatt herausgibt, sondern auch den Erfolgstitel „Landlust", der vor allem von Städtern gelesen wird. Daneben publiziert der Verlag aktuelle Bücher, wie einen Bildband über Hausschlachtungen im Münsterland mit sehr lebendigen Schnappschüssen.

Was Andere über Münster sagen:

Wenn Du damals in den Achtzigern aus Peine kamst, war Münster New York! Und der Cappuccino im Café wurde nicht mit Sprühsahne gemacht!

Oliver Kalkofe, Kabarettist

Film & Fernsehen

Der Münsteraner hat eine geradezu kindliche Freude, wenn er seine Stadt im Fernsehen sieht. Dann fühlt er sich als Weltstadtbewohner. Früher war das nur selten der Fall, außer wenn die Karnevalssitzungen der Paohl-bürger mit prominenten Politikern übertragen wurden. Später bekam Münster eine eigene „Lokalzeit" im WDR (übrigens gegen interne Kritiker, die sagten: „In Köln sitzt der Kopf, in Westfalen der Arsch").

Der fragwürdige Wiedertäufer-Spielfilm „Der König der letzten Tage" in den frühen 90ern wurde schon als Ritterschlag empfunden, auch wenn der Prinzipalmarkt nur eine Studio-Pappkulisse war. Ein Glanzlicht war die TV-Serie „Pinguin, Löwe & Co.", von der 2006/2007 über 60 Folgen aus dem Münsteraner Allwetterzoo ausgestrahlt wurden. Die Serie war ausgesprochen populär und die Quoten-Sonne wärmte die Herzen der Münsteraner.

Mit Wilsberg und Münster-Tatort ist die Stadt endlich im ganzen Land medial dauerpräsent. Der Wilsberg hat in den letzten zwanzig Jahren eine gewaltige Transformation durchgemacht. Die Darsteller sind älter und reifer geworden – die Charaktere ebenfalls. Bewundernswert, dass Roland Jankowsky es so lange erträgt, als Kommissar Overbeck der Serien-Depp zu sein. Anfangs durfte Wilsberg sogar noch rauchen! Bald darf Eckis Volvo vermutlich gar nicht mehr in die Innenstadt.

Der Münster-Tatort ist die erfolgreichste Produktion dieser Krimiserie, obwohl er eher Komödie als Krimi ist. Die

Frei von Sozial-Dingens! Danke Thiel & Boerne!

anderen Tatort-Autoren sollten sich mal fragen, warum der oft nah am Klamauk vorbeischrammende Münster-Tatort so beliebt ist. Die Antwort ist ganz einfach: Wer sonntags abends vor dem Fernseher das Wochenende ausklingen lässt, bevor er montags wieder eine neue Arbeitswoche vor sich hat, will kein deprimierendes Sozialdrama mit verkrachten Existenzen und pädagogischem Zeigefinger sehen, das den Zuschauer ratlos und mit miesem Gefühl zurücklässt. Er will gut unterhalten werden, dabei ein paar Mal schmunzeln und anschließend gut schlafen. Das ist sein gutes Recht – und das liefert der Münster-Tatort zuverlässig! Danke!

Der kurioseste Film über Münster ist ein DDR-Propagandastreifen über den Justizskandal um Maria Rohrbach, die vermeintliche Mörderin aus dem Kreuzviertel, die unschuldig verurteilt wurde. Der Film war in Münster völlig unbekannt, bis ihn ein WDR-Mitarbeiter zufällig in einem Berliner Archiv entdeckte. Der Streifen, der offenbar seinerzeit konspirativ in Münster produziert wurde, zeigt u.a. eine verdeckt gedrehte Busfahrt durch die Stadt. Der Kommentar ist typisch DDR: Unschuldiges Mädel aus der Arbeiterklasse wird willkürlich eingesperrt, um Verbrechen westlicher Imperialisten zu vertuschen…

Auch im Kino läuft Münster in Münster bestens: Die Drohnen-Doku „Münster Above" mit ansprechenden Luftaufnahmen der Stadt sahen 2018 mehr Zuschauer als den Hollywwod-Blockbuster „The Avengers". Bitte? Selbstverliebt? Das kann man sooo nun auch wieder nicht sagen… ;-)

Münster Online

Münster ist ein Pionier im „Neuland": Im Jahr 2000 meldete der Shopping-Guide „Münster kauft ein" euphorisch, „Über 250 Geschäfte in Münster haben schon eine Internetadresse – Rekord!". Damals ahnten die internetaffinen Kaufleute noch nicht, welches Kopfzerbrechen ihnen der Onlinehandel mal bereiten würde.

Nach der Pleite des ersten Münsteraner Online-Nachrichtenmagazins „Echo Münster" heißt es nun, morgens www.allesmuenster.de in den Browser tippen. Auch die „Westfälischen Nachrichten" sind täglich online, das Leben geht seinen digitalen Gang. Manchmal gibt es aber echte Glanzlichter:

2010 löste der Münsteraner Journalist Ralf Heimann das „Blumenkübel-Phänomen" aus. Zunächst berichtete eine Praktikantin der MZ über Vandalismus am Altenheim Antoniusstift in Neuenkirchen. Überschrift: „Großer Blumenkübel zerstört". Heimann – damals MZ-Redakteur – twitterte: „In Neuenkirchen ist ein Blumenkübel umgefallen". Nach zwei Tagen zählte die Nachricht zu den weltweiten Top-5-Tweets! Der Autovermieter Sixt, der Otto-Versand und die Sparkassen griffen die Schlagzeile für Werbekampagnen auf. Schließlich schaffte es die Meldung sogar ins ZDF-heute-Journal. Aus aller Welt schickten Spender Blumenkübel nach Neuenkirchen, bis das Seniorenheim entnervt bat, von weiteren Zusendungen abzusehen. Heute betreibt Heimann den Blog „Wir schicken wen", der unfreiwillig komische „Perlen des Lokaljournalismus" aufspießt.

In Münster sind auch Berber online.

Die resolute Küsterin der Handorfer St. Petronilla-Kirche kam bis ins hohe Alter mit dem Fahrrad zum Dienst. Obwohl der schmale Durchgang zwischen Kirche und Pfarrhaus für Fahrräder gesperrt ist, machte man für sie eine Ausnahme und brachte ein Schild an: „Radfahrer absteigen! ausgen. Frau Westermann". 2004 verstarb Klara Westermann mit fast hundert Jahren. Ihr Schild blieb hängen. 2008 entdeckte es der Münsteraner Künstler Ruppe Koselleck und verbreitete ein Foto davon im Internet. Darauf wurde die rasante Küsterin posthum ein viraler Hit! Auf Diensten wie Twitter, reddit und vielen weiteren wurde das Bild des Schildes x-tausendfach geteilt, geliked und kommentiert: „Frau Westermann like a boss!", „Je suis Frau Westermann!", schrieben die Fans in den Foren. Selbst Der SPIEGEL berichtete darüber und nahm die Story mal wieder zum Anlass, die Münsteraner als schrulliges Volk sympathischer Irrer darzustellen. Seitdem gehört das Schild bei Fahrradausflügen durch Münsters Osten zu den Handorfer Sehenswürdigkeiten wie die Werse oder Dyckburg-Kapelle.

Unter dem Namen „Uwu Lena" (ein Kofferwort aus Uwe Seeler, Vuvuzela und Eurovision-Gewinnerin 2010 Lena Meyer-Landrut) produzierten ein paar Münsteraner Studenten zur Fußball-WM 2010 den Nonsens-Song „Schland, oh Schland" und drehten im Südpark ein klamaukiges Musikvideo, das sie bei YouTube hochluden. Am nächsten Tag erreichte der Clip astronomische Zugriffszahlen. Darauf wurden die Jungs von Stefan Raabs Produktionsfirma unter Vertag genommen. Das

Lied kam auf Platz 4 der Single-Charts und Platz 1 der iTunes-Downloads. Im ZDF-Fernsehgarten traten Uwu Lena passend schwarz-rot-gold-dekoriert auf.*

In dem beliebten Online-Satiremagazin „Der Postillon" wird Münster immer wieder als Ort angeblicher Meldungen genannt. So habe die Uniklinik Münster eine Intensivstation für erkältete Männer eingerichtet. „Elefantendiebstahlserie erschüttert Münster!" meldet das Magazin und legte Oberbürgermeister Markus Lewe einige Zitate in den Mund. Offenbar wird ein Jux noch lustiger, wenn er in Münster spielt.

Ruprecht Polenz ist ein im Herzen rotgrüner „Christdemokrat" mit großer Affinität zur Türkei. Im hohen Alter hat er die sozialen Online-Netzwerke entdeckt. Die Technologie fasziniert ihn derart, dass er seine Impulskontrolle verloren hat: Im Minutentakt kommentiert er auf allen Kanälen die politische Weltlage und stößt dabei einen hohen Anteil an Unüberlegtem aus, weil ihm niemand das Smartphone wegnimmt. Das macht ihn zum besten „Freund" des streitbaren Publizisten Henryk M. Broder, der Polenz auf seinem Blog gerne kräftig einschenkt. Dieser Schlagabtausch hat regelmäßig größten Unterhaltungswert.

*Der Sänger der Truppe musste sich 2019 wegen sexuellen Missbrauchs vor Gericht verantworten.

Münster-Marketing

„Gott sprach: Es werde Licht – nur an zwei Orten blieb es finster: Paderborn und Münster." Dieser alte Kalauer ist längst außer Betrieb und kein Oberbürgermeister kommt umhin, in seinen Ansprachen Floskeln wie „Weltoffenheit" zu strapazieren, auch wenn keiner so richtig weiß, was das eigentlich heißen soll.

Um dieses neue, moderne, aufgeschlossene Image zu zementieren, hat die Stadt eine auswärtige Werbeagentur beauftragt, einen neuen Slogan für Münster zu kreieren. Ganz billig war das nicht: Der Spaß kostete eine sechsstellige Summe. Das Ergebnis lautet „Die Schöne unter den Klugen", was auf Münsters historisches Stadtzentrum und Münster als Uni-Standort anspielt.

Viele Münsteraner meinten, das sei etwas viel Geld für so einen lapidaren Satz. Doch die Kreativen konterten, das Honorar beinhalte einen kostenlosen Mehrwert – man könne den Satz nämlich je nach Bedarf auch umdrehen: Die Kluge unter den Schönen (kein Scherz!!).

Da war man in den 80er Jahren schlauer und setzte auf „nutzergenerierten Inhalt", nämlich einen öffentlichen „Slogan-Wettbewerb für jedermann" – und die Münsteraner lieferten gratis! Die Ergebnisse waren von unterschiedlicher Qualität, z.B.:

- „Münster: Regen? – Schönheit allerwegen!" (Na ja…)
- „Regenbogenbrücke zwischen einst und jetzt" (Klingt wie der Simmel-Roman „Und Jimmy ging zum Regenbogen"…)

- „An Münster kommt keiner vorbei!" (außer Reinhard Libuda!)

- „Altes bewahrt, mit neuem gepaart" (Paarung ist immer positiv)

- Der beste Vorschlag: „Mytra, Speck & Narretei" – genial! Das fasst in drei Worten alle wesentlichen Aspekte Münsters zusammen, vor allem die närrische Verwaltung. Warum man diese Lösung nicht favorisiert hat, ist mir unbegreiflich.

Wie stark Münsters Bild in Richtung Modernität transformiert wurde, sieht man auf einen Blick, wenn man die beiden Münster-Titelbilder des bekannten Reiseführers Merian nebeneinander legt: Zuletzt war Münster 2006 auf dem Titel, davor in den 1970er Jahren. Damals: ein bäuerliches Fachwerkhaus, ein dunkles Farbklima. 2006: Der Dom von oben mit dem Send-Riesenrad und der Abendsonne im Hintergrund, in sattes Pink-Orange getaucht. Im Merian 1973 fand sich sogar noch eine mehrseitige Reportagestrecke über Hausschlachtung, die schnapstrinkende Bauern mit Cordhut und taubengrauen Kitteln vor dampfenden Eingeweiden zeigte. Insofern ist der Imagetransfer geglückt…

Andererseits läuft das Münster-Marketing nicht reibungslos. Es gibt einen ständigen Konflikt zwischen dem „Amt für Möglichkeiten" (Stadtmarketing) und dem „Amt für Schwierigkeiten" (Verwaltung): Das Marketing wirbt nämlich mit Privatinitiativen, für die die Verwaltung nichts tut.

So schmückte sich die Stadt sehr gerne mit dem über Jahre privat von Steffi Stephan organisierten Eurocityfest, während ihm die „Ämter für Schwierigkeiten" das finanzielle Risiko überließen und solange Steine in den Weg rollten, bis er entnervt hinschmiss.

Mit Prinz Leo bekam Münster in der Saison 2019 seinen ersten Karnevalsprinzen mit ausländischen – nämlich italienischen – Wurzeln. Eine Nachricht mit Werbewert, aus der sich positive Medienaufmerksamkeit generieren ließe. Und was geschah? Weder der Oberbürgermeister, noch einer der unnötigerweise viel zu zahlreichen sonstigen Bürgermeister mochte sich zu einem Pressetermin mit Prinz Leo herablassen. Es wurde ein pensionierter Ex-Bürgermeister aus dem 3. Glied zur Proklamation geschickt. Peinlich!

Es wäre deutlich mehr Synchronisation zwischen der Arbeit am öffentlichen Image und der tatsächlichen Erfüllung des Werbeversprechens durch die Verwaltung nötig!

Was Andere über Münster sagen:

Immer, wenn ich in einer deutschen Stadt sprach, habe ich gesagt, es sei die zweitschönste Stadt Deutschlands, um die Frage zu provozieren, welche denn die Schönste sei. Dann habe ich gesagt: Münster!

Theodor Heuss

Münster-Produkte

„Regional" ist das neue „bio", Heimat und Produkte „von hier" liegen voll im Trend. Vielleicht ist das ein natürlicher Abwehrreflex auf Entheimatung durch die Globalisierung. In Münster scheinen regionale Marken besonders gut zu gehen, dabei hilft wohl auch die sekundenkleberstarke Bindung der Münsteraner an ihre Stadt.

Schon um 1900 gab es die Zigarettenmarke „Dreizehnlinden" (in den Sorten „Irmintrud" und „Siegeward") mit Tabak aus Roxel und die Limonade „Thusnelda" von der Hammer Straße. Heute gibt's Münster-Käse, Münster-Whisky, Münster-Biere, Münster-Cola, Münster-Kaffee, Münster-Gin und Münster-Marmelade. Aber natürlich auch Pinkus-Bier, Pumpernickel und sogar Pumpernickel-Porter aus Münster. Es gibt Münster-Shirts, Münster-Caps, Münster-Ringe, Münster-alles … und jede Menge Münster-Schwachsinn. Der seltsamste Münster-Artikel ist wohl eine skulpturale Lampe aus illuminiertem Glas in Form der Rathausfassade – für etwa dreitausend Euro!

Aber es gibt auch die wundervollen Postkarten-Motive von Lars Wentrup, die eine künstlerische Hommage an Mucha und Hergé sind. Der Handel bietet Bücher über Münsters Historie, Architektur, Denkmäler, Kirchen & Kirchengeschichte. Und es gibt Verlage, wie den münstermitte medienverlag, die sich ausschließlich auf unsere Westfalenmetropole spezialisiert haben. Es gibt ein tolles Münster-Taschenmesser und einen schönen Münster-Drohnen-Film. Erstaunlich ist, dass es (meines

Wissens) noch kein spezielles Münster-Fahrrad gibt.

In die Hose ging der Versuch eines stadtbekannten Bäckers, ein „Knipperdollinck-Brot" zu vermarkten. Ein cleveres BWL-Bürschchen aus der Schweiz hatte sich die Rechte an den Namen der Wiedertäuferkönige gesichert und drohte mit Urheberrechtsklage. Das Brot wurde umgetauft.

Wer hat noch Vorschläge für weitere Münster-Artikel? Von Oberbürgermeister Markus Lewe stammt die Idee einer zentralen Münster-Markthalle für all diese Dinge. Wäre dafür nicht der Kiffe-Pavillon genau der richtige Ort?

Fazit: Dieses Buch wird nicht allen gefallen. Es gibt auch nicht durchgängig die Meinung des Verlages wieder. Dabei gäbe es durchaus noch drastischere Kritik zu formulieren. Zum Beispiel am Nichtstun an den Zuständen am Bremer Platz und Hamburger Tunnel, wo man zwischen Piss-Pfützen und Junkiespritzen Slalom laufen muss. Oder an den läppischen Symbol-Kontrollen an der Engelenschanze, wo man abends besser nicht alleine spazieren geht, wenn man nicht von Dealern bedroht werden will. Oder an den Sonderbarkeiten mancher Baugenehmigungen. Oder an der ausgesprochen fragwürdigen Tätigkeit des Islamischen Zentrums an der Universität. Oder an der Chaospolitik der Stadtwerke. Undundund.

Andererseits würde man sich solche Kritik empört verbitten, wenn sie von außen käme – zum Beispiel aus Bielefeld! Da ist der Münsteraner aber ganz schnell wieder stolzer Lokalpatriot. Und womit? Mit Recht! Man muss schließlich nur mal einen Tag in Hamm, Leverkusen, Salzgitter, Stendal oder Offenbach verbringen und wird anschließend das Pflaster des Prinzipalmarktes küssen – und sogar die Kaugummis darauf!

Gut, Regensburg, Prien am Chiemsee, Quedlinburg oder Lübeck sind auch schöne Städte, aber gibt es da vielleicht „Pinkus Müller"? Das ist ja das Geniale an Münster: Wir haben Pinkus UND den Hawerkamp. Wir haben das Barockfest UND das Vainstream-Festival. Den Skaters Palace UND das Polo-Picknick… Wir können beides: Herdfeuer und Hot Jazz Club! Und dafür hätten wir es eigentlich schon verdient, dass man uns als Großstadt ein bisschen ernstnimmt, oder?

FOTONACHWEIS / COPYRIGHT

Coverfoto: Michael Krybus; alle anderen Fotos:
Carsten Krystofiak

Impressum

©2020 münstermitte medienverlag GmbH & Co. KG, Münster
www.münstermitte-medienverlag.de

Alle Rechte vorbehalten.

Satz & Layout: Markus Löckemann, Hörstel

Cover- & Bildgestaltung : Michael Krybus, Münster

Druck: Bitter & Loose GmbH, Greven

ISBN: 978-3-943557-54-1